大方廣佛華嚴經

일러두기

1. 『대방광불화엄경 강설』원문原文의 저본底本은 근세에 교정이 가장 잘 되었다고 정평이 나 있는 대만臺灣의 불타교육기금회佛陀教育基金會에서 출판한『화엄경소초華嚴經疏鈔』본입니다.

2. 『대방광불화엄경 강설』은 실차난타實叉難陀가 695년부터 699년까지 4년에 걸쳐 번역해 낸 80권본卷本『대방광불화엄경』을 우리말로 옮기고 강설을 붙인 것입니다.

3. 『대방광불화엄경』은 애초 산스크리트에서 한역漢譯된 경전이지만 현재 산스크리트본은 소실된 상태입니다. 산스크리트를 음차한 경우 군이 원래 소리를 표기하려고 하기보다는『표준국어대사전』이나『불교사전』등에 등재된 한자음을 사용하는 것을 원칙으로 하였습니다.

4. 경문의 한글 번역은 동국역경원본을 참고하여 그대로 또는 첨삭을 하며 의미대로 번역하고 다듬었습니다.

5. 각 품마다 내용에 따라 단락을 나누고 제목을 달았습니다. 단락의 제목은 주로 청량清凉스님의 견해에 기초하였고 이통현李通玄장자의 견해를 참고로 하였습니다.

6. 『대방광불화엄경 강설』의 발행 순서는 한역 경전의 편재 순서를 기준으로 하였고 각 권은 단행본 한 권씩으로 출간될 예정이며 모두 80권으로 완간됩니다. 다만 80권본에 빠져 있는「보현행원품」은 80권본 완역 및 강설 후 시리즈에 포함돼 추가될 예정입니다.

7. 『대방광불화엄경 강설』안에서 불교용어를 풀이한 것은 운허스님이 저술하고 동국역경원에서 편찬한『불교사전』을 인용하였습니다.

8. 각주의 청량스님의 소疏는 대만에서 입력한 大方廣佛華嚴經 사이트의 것을 사용하였습니다.

9. 『대방광불화엄경 강설』입법계품에 들어가는 문수지남도는 북송北宋시대 불국佛國선사가 선재동자가 53명의 선지식을 친견하여 법을 구하는 장면을 하나하나 그림으로 그린 것입니다.

대방광불화엄경 강설
제 7 권

실차난타實叉難陀 한역
무비스님 강설

서문

　불교의 처음이자 그 끝은 보살의 행원을 실천하는 것입니다.

　보살의 행원에는 여러 가지가 있습니다. 관세음보살, 지장보살 등 수많은 보살의 행원이 있으나 가장 대표적인 것으로 보현보살의 행원을 꼽습니다. 그와 같은 보현행원의 힘은 그 근본이 무엇이겠습니까. 곧 보현삼매普賢三昧입니다. 예컨대 집을 지어도 먼저 설계가 필요하고, 작은 일을 하더라도 계획이 먼저 세워져야 합니다. 그와 같은 근본 힘은 모두 사유삼매思惟三昧에서 나옵니다.

　보현보살은 위대한 삼매의 힘을 위시하여 앞으로 비로자나 부처님의 의보依報인 화장장엄세계가 성취되는 내용을 설하게 됩니다. 나아가서 장대한 여래의 화장장엄세계를 펼쳐 보입니다. 그 화장장엄세계를, 오늘날 천체망원경으로 수백

억 광년 저 멀리까지의 세계를 바라보듯 매우 구체적으로 설명합니다. 보현보살의 삼매의 능력은 그와 같습니다.

이 세상의 무량 무수한 생명체 중에서 사람의 몸을 받고 태어나기가 어려운 일이거니와 사람으로 태어났어도 불법을 만나기란 더욱 어려운 일이며, 설사 불법을 만났다 하더라도 화엄경과 같은 위대한 가르침을 만나기란 오백생의 선근인연이 아니면 참으로 어려운 일입니다.

화엄경이 좋아서 정신없이 천착하다 보니 한 글자 한 글자가 아름다운 다이아몬드처럼 느껴져서 그 보석을 많은 사람들과 함께 나누고 싶은 욕심이 더욱 커져 갑니다. 화엄경과 인연을 함께하시는 선남선녀들께서도 이 아름다운 다이아몬드를 세상에 한껏 뿌려 보시기를 권선합니다.

나무대방광불화엄경

2014년 5월 1일

신라 화엄종찰 금정산 범어사

如天 無比

대방광불화엄경 목차

대방광불화엄경 강설 제7권

三. 보현삼매품普賢三昧品

四. 세계성취품世界成就品

대방광불화엄경 강설

제7권

三. 보현삼매품

세상의 주인들이 화엄회상을 아름답게 장엄하고 나니 여래께서 그 모습을 나타내셨다. 화엄경은 여래가 설법하시는 것이 아니라 여래를 설하는 경전으로 이제 본격적으로 여래의 경계를 설하는 품에 들어왔다. 화엄경을 이해하는 길에는 보현보살을 부처님의 장자長子라 하고 문수보살을 부처님의 소남少男이라고 하는 말이 있다. 그래서 보현보살은 화엄경을 설하는 법주法主들의 대표이기도 하다. 보현삼매품普賢三昧品에서는 보현보살이 여래의 가피를 얻어 여러 보살들의 마음을 짐작하고 불가사의한 미묘 법문을 연설하려고 비로자나여래장신삼매에 들어가서 안으로 사실과 이치를 관찰하고 밖으로 대중들의 근기를 살펴서 설법할 자세를 완전하게 갖춘다. 그래서 제2품과 제3품을 설법하는 의식을 밝혔다고 한다. 참고로 범본梵本에는 보현삼매위덕신변품普賢三昧威德神變品으로 되어 있다.

1. 보현보살의 삼매

1) 삼매의 이름

이 시   보 현 보 살 마 하 살   어 여 래 전   좌 연 화
爾時에 **普賢菩薩摩訶薩**이 **於如來前**에 **坐蓮華**

장 사 자 지 좌   승 불 신 력   입 우 삼 매   삼 매
藏獅子之座하사 **承佛神力**하야 **入于三昧**하시니 **三昧**가

명 일 체 제 불 비 로 자 나 여 래 장 신
名一切諸佛毘盧遮那如來藏身이라

그때에 보현보살마하살이 여래 앞에서 연화장사자좌
에 앉으사 부처님의 위신력을 받들어 삼매에 들어갔습
니다. 이 삼매는 이름이 일체제불비로자나여래장신—切
諸佛毘盧遮那如來藏身이었습니다.

불교에서는 설법을 하기 전이나 설법을 마친 뒤에 잠깐이
지만 선정에 든다. 화엄대경을 본격적으로 설하기 전에 여래

의 장자인 보현보살이 큰 삼매에 들어가는 것은 모범을 보인 것이다. 그런데 그 삼매의 이름이 '일체제불비로자나여래장신삼매'이다. 보살의 삼매지만 그 이름은 곧 비로자나여래의 삼매다. 그것은 보현보살의 삼매의 격을 나타낸 것이다. 청량국사는 이 품의 근본이 되는 취지, 즉 종취宗趣를 밝히면서 "법계의 선정에 들어가서 법계의 부처님이 가피하는 것으로 근본[宗]을 삼고 법계의 대중들로 하여금 법계의 덕을 성취하게 하는 것으로 그 취지[趣]를 삼는다."[1]라고 하였다.

2) 삼매의 체상용體相用을 밝힘

보 입 일 체 불 평 등 성   능 어 법 계   시 중 영 상
普入一切佛平等性하야 **能於法界**에 **示衆影像**하며

일체 부처님의 평등한 성품에 널리 들어가 능히 법계에서 여러 가지 영상을 보입니다.

---

1) 宗趣者 : 入法界定, 法界佛加爲宗. 令法界衆成法界德爲趣.

보현보살의 삼매는 매우 뛰어난 삼매다. 그러므로 삼매의 본체와 현상과 그 작용을 낱낱이 드러내 밝혔다. 삼매에 들어가니 저절로 일체 부처님의 평등한 성품에 들어가게 되고 온 법계에 가지가지 영상들을 나타내 보이게 된 것이다. 이것은 곧 삼매에 들어가므로 일체 부처님과 하나가 되고 또한 법계와도 하나가 되는 경계를 설명하였다. 진실로 삼매란 이와 같이 깨달음의 활발발活鱍鱍한 지혜 작용이다. 결코 살아 있는 사람이 목석과 같이 된 것을 가리키는 것이 아니다.

광대 무애   동 어 허 공   법 계 해 선   미 불
廣大無礙하야 同於虛空하고 法界海漩에 靡不
수 입
隨入하며

넓고 크고 걸림 없음이 허공과 같아서 법계바다의 소용돌이에 다 따라 들어갔습니다.

보현삼매의 현상은 끝없이 넓으며 무한히 크다. 그래서

걸림이 없다. 비유하자면 허공과 같다. 그러면서 한편으로는 우주법계의 소용돌이 속에 남김없이 다 들어간다.

출 생 일 체 제 삼 매 법　　보 능 포 납 시 방 법 계
出生一切諸三昧法하야 **普能包納十方法界**하며

일체 모든 삼매의 법을 출생하고 널리 시방법계를 감싸서 거두어들입니다.

보현삼매에 들어가면 그 순간 일체 모든 삼매의 법을 출생한다. 즉 보현삼매는 일체 삼매의 모체가 된다는 뜻이다. 그리고 시방법계를 이 보현삼매 속에 다 감싸서 거두어들이게 된다.

삼 세 제 불　　지 광 명 해　　개 종 차 생　　시 방 소
三世諸佛의 **智光明海**가 **皆從此生**하야 **十方所**

유 제 안 립 해　　실 능 시 현
有諸安立海를 **悉能示現**하며

삼세 모든 부처님의 지혜광명바다가 모두 여기에서 나와 시방에 펼쳐진[安立] 세계바다들을 다 나타내 보입니다.

과거 현재 미래의 모든 부처님의 지혜광명도 결국은 이 보현삼매에서부터 출생한 것이다. 보현삼매는 곧 모든 부처님의 지혜광명의 어머니다. 깨달음의 지혜광명의 어머니인 까닭에 시방세계에 펼쳐져 있는 모든 것을 남김없이 다 나타내 보인다.

함 장 일 체 불 력 해 탈   제 보 살 지   능 령 일 체
含藏一切佛力解脫과 **諸菩薩智**하야 **能令一切**

국 토 미 진   보 능 용 수 무 변 법 계
國土微塵으로 **普能容受無邊法界**하며

일체 부처님의 힘과 해탈과 모든 보살의 지혜를 모두 포함하여 간직하고, 능히 미진수의 일체 국토들로 하여금 그지없는 법계를 널리 수용합니다.

보현삼매에서는 일체 부처님의 힘과 해탈을 간직하고 있다. 또 모든 보살들의 지혜도 간직하고 있다. 그리고 먼지 하나하나가 무변법계를 다 수용하여 받아들이고 있다. 일미진중一微塵中에 함시방含十方이라는 말씀 그대로다.

성 취 일 체 불 공 덕 해　　현 시 여 래 제 대 원 해
成就一切佛功德海하야 **顯示如來諸大願海**하고

일 체 제 불　　소 유 법 륜　　유 통 호 지　　사 무 단 절
一切諸佛의 **所有法輪**을 **流通護持**하야 **使無斷絶**

케하시니라

일체 부처님의 공덕바다를 성취해서 여래의 모든 큰 서원의 바다를 나타내 보이며, 일체 모든 부처님에게 있는 법륜法輪을 유통시켜서 보호해서 끊어지지 않게 하였습니다.

보현삼매에서는 일체 부처님의 공덕바다를 다 성취하였다. 또한 여래의 큰 원력의 바다를 다 나타내 보인다. 그러므로 일체 부처님의 법륜을 유통시키고 보호해 지닌다. 만

약 삼매가 아니면 불법이 2천6백여 년이 지난 오늘날까지 전해질 수 없으며, 먼 미래에까지 무궁무진하게 펼쳐질 수도 없다는 뜻이다. 삼매는 이와 같이 중요하다. 보통 사람들의 사유와 명상이 일상사를 바르게 처리하는 데 반드시 필요한 것과 같다.

3) 시방삼세에도 모두 이와 같다

여 차 세 계 중 보 현 보 살　어 세 존 전　입 차 삼
如此世界中普賢菩薩이 於世尊前에 入此三

매　여 시 진 법 계 허 공 계　시 방 삼 세　미 세 무
昧하야 如是盡法界虛空界와 十方三世와 微細無

애　광 대 광 명　불 안 소 견　불 력 능 도　불 신 소
礙와 廣大光明과 佛眼所見과 佛力能到와 佛身所

현　일 체 국 토　급 차 국 토　소 유 미 진　일 일 진
現인 一切國土와 及此國土의 所有微塵인 一一塵

중　유 세 계 해 미 진 수 불 찰　일 일 찰 중　유 세
中에 有世界海微塵數佛刹하고 一一刹中에 有世

계 해 미 진 수 제 불　　　　일 일 불 전　　유 세 계 해 미
界海微塵數諸佛이이시든　**一一佛前**에　**有世界海微**

진 수 보 현 보 살　　　개 역 입 차 일 체 제 불 비 로 자 나
塵數普賢菩薩도　**皆亦入此一切諸佛毘盧遮那**

여 래 장 신 삼 매
如來藏身三昧하시니

이 세계에서 보현보살이 세존 앞에서 이러한 삼매에 든 것과 같이 온 법계의 허공계와, 시방삼세와, 미세하여 걸림이 없는 광대한 광명과, 부처님의 눈으로 보시는 바와, 부처님의 힘이 이르는 데와, 부처님의 몸을 나타낸 모든 국토와 그리고 이 국토에 있는 작은 먼지의 낱낱 먼지 속에 세계바다 먼지 수와 같은 부처님 세계가 있고, 그 낱낱 세계 속에 세계바다 먼지 수의 모든 부처님이 계시며, 그 낱낱 부처님 앞에 세계바다 먼지 수의 보현보살이 있는데 그들도 다 또한 이 일체제불비로자나여래장신삼매에 들어갔습니다.

화엄경은 처음부터 세상에 있는 무엇인가 하나를 들면 우주법계 전체가 따라서 들려 온다는 법계연기法界緣起의 이

대방광불화엄경 강설

치를 밝히는 가르침이다. 즉 하늘과 구름과 비와 바람과 해와 달과 바다와 강과 산과 언덕과 평원이 모두 동원되어 하나의 나뭇잎을 이루고 있다는 이치를 알아 그와 같은 이치에 맞게 조화를 이루면서 삶을 영위하는 길을 가르치고 있다. 그것을 법성게에서는 "하나 가운데 일체가 있고 많은 것 가운데 하나가 있다. 하나가 곧 전체이고 전체가 곧 하나이다."라고 하였다.

이 세계에 있는 보현보살이 삼매에 들어가니 법계와 허공계와 시방과 삼세의 모든 보현보살이 다 같이 이러한 삼매에 들어갔다. 그 외에도 부처님의 깨달아 아는 지혜의 세계에서만 이해될 수 있는 그 모든 경계에서도 역시 보현보살이 있고 그 보현보살은 다 같이 이러한 삼매에 들어갔다. 참으로 우주법계의 그 어떤 작은 것도 빠뜨리지 않고 모두 다 열거하면서 서로서로 상관관계를 갖고 있다는 화엄경의 가르침을 보현보살의 삼매에서도 깨우쳐 주고 있다.

2. 가피加被를 내리다

1) 입의 가피

이시일일보현보살　개유시방일체제불　이
爾時一一普賢菩薩에 皆有十方一切諸佛이 而

현기전　피제여래　동성찬언　　선재선재
現其前하사 彼諸如來가 同聲讚言하사대 善哉善哉라

선남자　여능입차일체제불비로자나여래장
善男子야 汝能入此一切諸佛毘盧遮那如來藏

신보살삼매　불자　차시시방일체제불　공
身菩薩三昧로다 佛子야 此是十方一切諸佛이 共

가어여　이비로자나여래본원력고　역이여
加於汝시니 以毘盧遮那如來本願力故며 亦以汝

수일체제불행원력고
修一切諸佛行願力故니라

　그때에 낱낱 보현보살에게 시방의 일체 모든 부처님

이 다 그의 앞에 나타나서 저 모든 여래께서 같은 음성으로 찬탄하였습니다.

"훌륭하고 훌륭하다, 선남자여. 그대가 능히 이 일체제불비로자나여래장신삼매에 들어갔도다. 불자여, 이것은 시방의 일체 부처님이 함께 그대에게 가피加被하심이니라. 비로자나여래의 본원本願의 힘 때문이며, 또한 그대가 일체 모든 부처님의 행원行願을 닦은 힘 때문이니라."

세상사에서 아무리 작은 일이라 하더라도 자신이 아닌 불보살이나 다른 사람이나 다른 존재의 도움과 협조가 있어야 한다. 하물며 여래의 장자로서 여래의 일을 대신해서 큰 법을 펼치려는 불사를 짓는 마당에 어찌 시방여래의 가피가 없겠는가. 가피에는 신구의身口意 삼업三業으로 가피하는 것이 구체적이어서 경전에서는 언제나 이와 같이 세 종류의 가피를 이야기한다. 말로 하는 가피와 마음으로 하는 가피와 손으로 이마를 만져 주는 몸의 가피다. 먼저 말로 하는 가피로서 무량 무수한 보현보살 앞에 역시 무량 무수한 부처님이 나타나서 이구동성으로 찬탄하였다. 보현보살이 일체제불비로자나여래장신삼매에 들어간 것은 비로자나법신 여래의 본원의 힘 때문이며 보현보살이 스스로 일체 제불의 행원을 닦은 힘 때문이라고 하였다. 즉 타력과 자력의 융합과 조화를 나타내었다.

소위 능 전 일 체 불 법 륜 고　개 현 일 체 여 래 지
所謂能轉一切佛法輪故며 開顯一切如來智

혜 해 고　보 조 시 방 제 안 립 해　실 무 여 고　영
慧海故며 普照十方諸安立海하야 悉無餘故며 令

일 체 중 생　정 치 잡 염　득 청 정 고　보 섭 일
一切衆生으로 淨治雜染하야 得淸淨故며 普攝一

체 제 대 국 토　무 소 착 고　심 입 일 체 제 불 경 계
切諸大國土하야 無所着故며 深入一切諸佛境界하야

무 장 애 고　보 시 일 체 불 공 덕 고　능 입 일 체 제
無障礙故며 普示一切佛功德故며 能入一切諸

법 실 상　증 지 혜 고　관 찰 일 체 제 법 문 고　요
法實相하야 增智慧故며 觀察一切諸法門故며 了

지 일 체 중 생 근 고　능 지 일 체 제 불 여 래　교 문
知一切衆生根故며 能持一切諸佛如來의 敎文

해 고
海故나라

"이른바 능히 모든 부처님의 법륜을 굴리는 연고며, 일체 여래의 지혜바다를 열어서 나타내는 연고며, 시방의 모든 펼쳐져[安立] 있는 바다를 남김없이 널리 다 비추는 연고며, 일체 중생들에게 잡되고 물든 것을 맑게 다스려 청정함을 얻게 하는 연고며, 일체 모든 큰 국토를 널리 포섭하여 집착이 없게 하는 연고며, 일체 모든 부처님의 경계에 깊이 들어가서 장애가 없는 연고며, 일체 부처님의 공덕을 널리 보이는 연고며, 일체 모든 법의 실상實相에 들어가서 지혜를 증장增長하는 연고며, 일체 모든 법문을 관찰하는 연고며, 일체 중생들의 근기를 잘 아는 연고며, 일체 모든 부처님 여래의 교법敎法의 바다를 능히 가지는 연고이니라."

앞에서는 일체 여래가 일체 보현보살을 찬탄하여 가피하는 두 가지 이유, 즉 여래의 본원本願의 힘과 보현보살이 부처님의 행원行願을 닦은 힘을 들었고, 다시 그와 같은 가피에는 열 가지 공덕이 있음을 열한 개의 구절로 표현하였다. 첫 구절은 전체적인 내용을 밝혔고 다음 열 구절은 낱낱의 공덕을 드러내었다. 그 열 가지는 첫 구절에서 밝혔듯이 모든 부처님의 법륜을 굴리는 데서 기인한다. 부처님의 법륜이 아니면 어찌 그와 같은 공덕이 있겠는가. 그러므로 일체 불법의 근본은 부처님의 법륜에 있음을 알아야 한다.

2) 마음의 가피

이 시　　시 방 일 체 제 불　　즉 여 보 현 보 살 마 하
爾時에 **十方一切諸佛**이 **即與普賢菩薩摩訶**

살　　능 입 일 체 지 성 력 지　　여 입 법 계 무 변 량 지
薩에 **能入一切智性力智**하며 **與入法界無邊量智**

　　여 성 취 일 체 불 경 계 지　　여 지 일 체 세 계 해
하며 **與成就一切佛境界智**하며 **與知一切世界海**

성 괴 지　　여 지 일 체 중 생 계 광 대 지　　여 주 제
成壞智하며 **與知一切衆生界廣大智**하며 **與住諸**

불 심 심 해 탈 무 차 별 제 삼 매 지　　여 입 일 체 보 살
佛甚深解脫無差別諸三昧智하며 **與入一切菩薩**

제 근 해 지 　　여 지 일 체 중 생 어 언 해 　전 법 륜
諸根海智하며 與知一切衆生語言海로 轉法輪

사 변 지 　　여 보 입 법 계 일 체 세 계 해 신 지 　　어
詞辯智하며 與普入法界一切世界海身智하며 與

득 일 체 불 음 성 지
得一切佛音聲智하시니라

　그때에 시방의 일체 모든 부처님이 곧 보현보살마하
살에게 일체 지혜 성품의 힘에 능히 들어가는 지혜를
주었으며, 법계의 끝없고 한량없음에 들어가는 지혜를
주었으며, 일체 부처님의 경계를 성취하는 지혜를 주었
으며, 일체 세계바다의 이루어지고 무너짐을 아는 지혜
를 주었으며, 일체 중생 세계의 광대함을 아는 지혜를
주었으며, 모든 부처님의 심히 깊은 해탈과 차별 없는
모든 삼매에 머무는 지혜를 주었으며, 일체 보살의 모
든 근성根性바다에 들어가는 지혜를 주었으며, 일체 중
생들의 언어의 바다를 알아서 법륜을 굴리는 변재의 지
혜를 주었으며, 법계 일체 세계 바다의 몸에 널리 들어
가는 지혜를 주었으며, 일체 부처님의 음성을 얻는 지
혜를 주었습니다.

여차세계중여래전보현보살　몽제불　여
如此世界中如來前普賢菩薩이 蒙諸佛의 與

여시지　　여시일체세계해　급피세계해일일
如是智하야 如是一切世界海와 及彼世界海一一

진중　소유보현　실역여시　　하이고　증피
塵中의 所有普賢도 悉亦如是하니 何以故오 證彼

삼매　법여시고
三昧에 法如是故니라

　이 세계의 여래 앞에 있는 보현보살이 모든 부처님
의 이와 같은 지혜를 주심을 입음과 같이 이와 같은 일
체 세계바다와 그 세계바다의 낱낱 먼지 속에 있는 보
현보살도 역시 이와 같으십니다. 무슨 까닭입니까? 저
삼매를 증득하게 되면 법이 으레 이와 같은 까닭입니다.

　입으로 하는 말씀의 가피 다음으로 마음의 가피, 또는 뜻
의 가피를 준 내용이다. 마음의 가피란 곧 부처님이 보현보
살에게 열 가지의 지혜를 주는 것이다. 부처님을 대신해서
부처님 깨달음의 경계를 남김없이 설법하려면 그 지혜도 또
한 부처님의 지혜와 같아야 하기 때문에 한마디로 무량하고

무변하고 광대하고 심심한 지혜를 남김없이 다 주었다. 그리고 마음의 가피도 말씀의 가피와 같이 한 부처님이 한 보현보살에게만 주는 것이 아니라 일체 세계 낱낱 먼지 속의 보현보살도 역시 함께 가피를 얻었다. 법계연기의 이치를 드러냄을 빠뜨리지 않았다.

3) 몸의 가피

是時에 十方諸佛이 各舒右手하사 摩普賢菩薩
시시 시방제불 각서우수 마보현보살

頂하시니 其手가 皆以相好莊嚴하고 妙網光舒하고
정 기수 개이상호장엄 묘망광서

香流焰發하며 復出諸佛種種妙音과 及以自在神
향류염발 부출제불종종묘음 급이자재신

通之事하야 過現未來一切菩薩의 普賢願海와 一
통지사 과현미래일체보살 보현원해 일

切如來의 淸淨法輪과 及三世佛의 所有影像을 皆
체여래 청정법륜 급삼세불 소유영상 개

어 중 현
於中現하시니라

　이때에 시방의 모든 부처님이 각각 오른손을 펴시어
보현보살의 이마를 만지시었습니다. 그 손은 모두 상호
相好로써 장엄하였습니다. 미묘한 그물광명이 퍼지고 향
기가 흐르며 불꽃이 발산하였습니다. 다시 또 모든 부
처님의 가지가지 미묘한 소리와 자재하고 신통한 일을
내시니 과거, 현재, 미래의 일체 보살들의 보현행원바
다와 일체 여래의 청정한 법륜과 삼세 부처님의 영상影
像들을 다 그 가운데 나타내었습니다.

　　여 차 세 계 중 보 현 보 살　위 시 방 불　소 공 마 정
　　如此世界中普賢菩薩이 **爲十方佛**의 **所共摩頂**

　　　여 시 일 체 세 계 해　　급 피 세 계 해 일 일 진 중
하야 **如是一切世界海**와 **及彼世界海一一塵中**의

　소 유 보 현　　실 역 여 시　　위 시 방 불 지 소 마 정
　所有普賢도 **悉亦如是**하야 **爲十方佛之所摩頂**하시니라

　이 세계의 보현보살에게 시방의 부처님이 함께 이마
를 만지심과 같이 이와 같이 일체 세계바다와 그 세계

바다 낱낱 먼지 속에 있는 보현보살도 다 또한 이와 같이 시방의 부처님이 이마를 만지심이 되었습니다.

　세 번째는 몸의 가피를 밝혔다. 몸의 가피는 마치 착한 일을 한 어린아이에게 어른들이 이마를 어루만지면서 격려해 주듯이 하였다. 그리고 이마를 만지는 그 손은 아름답게 장엄되어 있었으며 다시 아름다운 빛이 발산하였다. 또 미묘한 소리와 삼세의 보현행원과 자재한 신통을 다 나타내었다. 그리고 일체 세계바다의 보현보살도 시방의 부처님이 이마를 만지시었다.

3. 삼매에서 일어나다

1) 일체 삼매에서 함께 일어나다

이 시　　보현보살　　즉종시삼매이기　　종차
爾時에 普賢菩薩이 卽從是三昧而起할새 從此

삼매기시　　즉종일체세계해미진수삼매해문
三昧起時에 卽從一切世界海微塵數三昧海門

기
起하시니라

그때 보현보살이 곧 삼매로부터 일어났습니다. 이 삼
매에서 일어날 때에 곧 일체 세계바다 미진수의 삼매바
다문으로부터 일어났습니다.

소 위 종 지 삼 세 염 념 무 차 별 선 교 지 삼 매 문 기
所謂從知三世念念無差別善巧智三昧門起며

종 지 삼 세 일 체 법 계 소 유 미 진 삼 매 문 기   종 현
從知三世一切法界所有微塵三昧門起며 從現

삼 세 일 체 불 찰 삼 매 문 기   종 현 일 체 중 생 사 택
三世一切佛刹三昧門起며 從現一切衆生舍宅

삼 매 문 기   종 지 일 체 중 생 심 해 삼 매 문 기
三昧門起며 從知一切衆生心海三昧門起며

이른바 삼세의 생각 생각이 차별이 없는 선교善巧한 지혜를 아는 삼매문으로부터 일어났으며, 삼세 일체 법계에 있는 작은 먼지를 아는 삼매문으로부터 일어났으며, 삼세 일체 부처님 세계를 나타내는 삼매문으로부터 일어났으며, 일체 중생의 사택舍宅을 나타내는 삼매문으로부터 일어났으며, 일체 중생의 마음바다를 아는 삼매문으로부터 일어났습니다.

종 지 일 체 중 생 각 각 명 자 삼 매 문 기   종 지 시
從知一切衆生各各名字三昧門起며 從知十

방 법 계 처 소 각 차 별 삼 매 문 기   종 지 일 체 미 진
方法界處所各差別三昧門起며 從知一切微塵

중 각 유 무 변 광 대 불 신 운 삼 매 문 기　　종 연 설 일
中各有無邊廣大佛身雲三昧門起며 從演說一

체 법 이 취 해 삼 매 문 기
切法理趣海三昧門起니라

　또 일체 중생의 각각 이름을 아는 삼매문으로부터
일어났으며, 시방법계의 처소가 각각 차별함을 아는 삼
매문으로부터 일어났으며, 일체 작은 먼지 가운데 각각
끝없이 광대한 부처님 몸 구름이 있음을 아는 삼매로부
터 일어났으며, 일체 법의 이취理趣바다를 연설하는 삼
매문으로부터 일어났습니다.

　보현보살이 삼매로부터 일어날 때에 곧 일체 세계의 작
은 먼지 수효와 같은 삼매로부터 함께 일어났다. 삼매로부
터 일어나는 데는 여러 가지의 의미가 있으나 일반적으로는
마치 잠에서 깨어나는 것과 같다. 예를 들어 잠에서 깨어날
때 주관자인 자신도 깨어나지만 객관인 일체 대상과 삼라만
상이 모두 깨어나서 자신의 의식작용과 함께 한다. 두두물
물 어느 한 가지도 잠 속에 남겨 두는 일이 없는 것과 같다.
보현보살의 육근과 육경과 육식이 동시에 작용하여 보살 경

계의 모든 삶의 세계가 펼쳐진다. 여러 가지 삼매문으로부터
일어났다는 것은 그와 같은 이치이다.

2) 보살들이 이익을 얻다

보현보살 종여시등삼매문기시 기제보
普賢菩薩이 從如是等三昧門起時에 其諸菩

살 일일각득세계해미진수삼매해운 세계
薩이 一一各得世界海微塵數三昧海雲과 世界

해미진수다라니해운 세계해미진수제법방
海微塵數陀羅尼海雲과 世界海微塵數諸法方

편해운 세계해미진수변재문해운 세계해
便海雲과 世界海微塵數辯才門海雲과 世界海

미진수수행해운
微塵數修行海雲과

보현보살이 이와 같은 삼매문으로부터 일어날 때
그 모든 보살들이 낱낱이 각각 세계바다 미진수의 삼매
바다구름과 세계바다 미진수의 다라니陀羅尼바다구름과
세계바다 미진수의 모든 법의 방편바다구름과 세계바다

미진수의 변재문辯才門바다구름과 세계바다 미진수의 수
행修行바다구름을 얻었습니다.

세 계 해 미 진 수 보 조 법 계 일 체 여 래 공 덕 장 지
世界海微塵數普照法界一切如來功德藏智

광 명 해 운   세 계 해 미 진 수 일 체 여 래 제 력 지 혜
光明海雲과 世界海微塵數一切如來諸力智慧

무 차 별 방 편 해 운   세 계 해 미 진 수 일 체 여 래 일
無差別方便海雲과 世界海微塵數一切如來一

일 모 공 중 각 현 중 찰 해 운   세 계 해 미 진 수 일 일
一毛孔中各現衆剎海雲과 世界海微塵數一一

보 살   시 현 종 도 솔 천 궁 몰   하 생 성 불 전 정 법
菩薩이 示現從兜率天宮歿하사 下生成佛轉正法

륜 반 열 반 등 해 운
輪般涅槃等海雲하시니라

또 세계바다 미진수의 법계 일체 여래의 공덕장을 널
리 비추는 지혜광명바다구름과 세계바다 미진수의 일
체 여래의 모든 힘과 지혜가 차별이 없는 방편바다구름
과 세계바다 미진수의 일체 여래가 낱낱 모공毛孔 속에

서 각각 여러 세계를 나타내는 바다구름과 세계바다 미
진수의 낱낱 보살이 도솔천궁에서 없어지며 내려와서
탄생하며 성불成佛하여 정법륜正法輪을 굴리며 열반에 드
는 등의 모습을 나타내 보이는 바다구름을 얻었습니다.

여차세계중보현보살　종삼매기　제보살
如此世界中普賢菩薩이 **從三昧起**에 **諸菩薩**

중　획여시익　여시일체세계해　급피세계
衆이 **獲如是益**하야 **如是一切世界海**와 **及彼世界**

해소유미진　일일진중　실역여시
海所有微塵의 **一一塵中**에도 **悉亦如是**하니라

　이 세계에서 보현보살이 삼매로부터 일어날 때에 모
든 보살 대중들이 이러한 이익을 얻은 것과 같이 이와
같이 일체 세계바다와 그 세계바다에 있는 작은 먼지의
낱낱 먼지 속에서도 다 또한 이와 같았습니다.

　보현보살은 불교 세계에서 불법으로써 일체 보살과 일체
사람, 일체 생명들에게 이익을 주는 역할을 담당하고 있다.
그러므로 보현보살이 삼매에서 일어날 때에 일체 보살들이

위와 같은 가지가지 이익을 얻게 된 것이다. 또 한 가지 중요한 점은 보현보살이 삼매에 들어가고 다시 삼매에서 일어나고 그로 인해서 보살들이 이익을 얻는 등등의 사실은 보현보살과 보현보살 앞에 동참하고 있는 대중들만 함께하는 것이 아니다. 우주법계의 일체 존재가 다 함께하고 있다는 사실이다.

화엄경 설법의 밑바탕에 깔고 있는 사상은 언제나 법계연기사상이기 때문에 그 설법의 말미에는 항상 "이 세계에서 보현보살이 삼매로부터 일어날 때에 모든 보살 대중들이 이러한 이익을 얻은 것과 같이 이와 같이 일체 세계바다와 그 세계바다에 있는 작은 먼지의 낱낱 먼지 속에서도 다 또한 이와 같았습니다."라고 결론을 짓는다. 실로 책을 구성하고 있는 종이 한 장에도 온 우주가 모두 동원되어 비로소 한 장의 종이가 여기에 존재하기 때문이다. 한 장의 종이가 우리들의 눈앞에 있기까지에는 한 그루의 나무가 있어야 하고 또 한 사람의 노력이 있어야 한다. 한 그루의 나무가 있기까지 저 하늘과 바람과 구름과 비와 공기 등등 얼마나 많은 것이 동원되었겠는가. 또한 사람의 노력이 있기까지에도 사람의 일체 생활 모두가 동원되었을 것이다. 이와 같이 전전이 살펴 나가면 한 장의 종이에 온 우주가 조금도 빠짐없이 동참하여 존재한다는 사실을 알게 된다. 그러므로 한 장의 종이를 들면 온 우주가 다 들리는 것이다.

4. 상서祥瑞를 보이다

이 시   시 방 일 체 세 계 해   이 제 불 위 신 력
爾時에 **十方一切世界海**가 **以諸佛威神力**과

급 보 현 보 살 삼 매 력 고   실 개 미 동   일 일 세 계
及普賢菩薩三昧力故로 **悉皆微動**하며 **一一世界**가

중 보 장 엄   급 출 묘 음   연 설 제 법   부 어
衆寶莊嚴하며 **及出妙音**하야 **演說諸法**하며 **復於**

일 체 여 래 중 회 도 량 해 중   보 우 십 종 대 마 니 왕
一切如來衆會道場海中에 **普雨十種大摩尼王**

운
雲하시니라

　　그때 시방의 일체 세계바다가 모든 부처님의 위신력
과 보현보살의 삼매의 힘으로 모든 것이 가만히 흔들렸
으며, 낱낱 세계가 온갖 보배로 장엄하였으며, 미묘한
소리를 내어서 모든 법을 연설하며, 또 모든 여래의 대
중이 모인 도량바다 가운데에 열 가지 큰 마니왕구름을
널리 비 내렸습니다.

何等이 爲十고 所謂妙金星幢摩尼王雲과 光
明照耀摩尼王雲과 寶輪垂下摩尼王雲과 衆寶
藏現菩薩像摩尼王雲과 稱揚佛名摩尼王雲과
光明熾盛普照一切佛刹道場摩尼王雲과 光照
十方種種變化摩尼王雲과 稱讚一切菩薩功德
摩尼王雲과 如日光熾盛摩尼王雲과 悅意樂音
周聞十方摩尼王雲이러라

무엇이 열 가지인가? 이른바 묘한 금성金星깃대마니
왕구름과 광명이 밝게 비치는 마니왕구름과 보배바퀴가
아래로 드리운 마니왕구름과 온갖 보배 창고가 보살의
형상을 나타내는 마니왕구름과 부처님의 이름을 부르는
마니왕구름과 광명이 치성하여 모든 부처님 세계의 도
량을 널리 비추는 마니왕구름과 광명이 시방을 비추어

갖가지로 변화하는 마니왕구름과 모든 보살의 공덕을 칭찬하는 마니왕구름과 햇빛처럼 치성한 마니왕구름과 마음에 즐거운 음악 소리가 시방에 두루 들리는 마니왕구름이었습니다.

보현보살이 삼매에 들고 남을 위시하여 모든 보살, 모든 사람, 모든 생명 일체가 동시에 삼매에 들고 남을 상서로써 증명하였다. 우주 전체가 미동함을 보였으며, 모든 세계가 보배로 장엄하였으며, 아름다운 소리로 정법을 연설하였으며, 대중이 모인 도량에 커다란 마니왕구름이 비처럼 쏟아져 내렸다.

일상에서도 바른 선정과 바른 삼매에서 자신의 삶을 관찰해 보면 우리는 이미 이와 같은 풍요와 이와 같은 지혜광명과 이와 같은 공덕과 이와 같은 행복과 이와 같은 자유와 이와 같은 평화를 누리고 있음을 밝힌 내용이다.

5. 광명에서 덕을 찬탄하다

보우여시십종대마니왕운이　　일체여래
普雨如是十種大摩尼王雲已에　一切如來가

제모공중　함방광명　어광명중　이설송언
諸毛孔中에　咸放光明하사　於光明中에　而說頌言

하사대

이와 같은 열 가지 큰 마니왕구름을 널리 비 내리고
나서 일체 여래가 모든 모공毛孔에서 다 같이 광명을 놓
고, 그 광명 가운데서 게송을 설하였습니다.

1) 선정에 들다

보현변주어제찰　　　　좌보연화중소관
普賢徧住於諸刹하야　坐寶蓮華衆所觀이라

일체신통미불현　　　　무량삼매개능입
一切神通靡不現하며　無量三昧皆能入이로다

보현보살이 모든 세계에 두루 계시어
보배연꽃에 앉으심을 대중들이 보니
일체 신통을 다 나타내며
한량없는 삼매에 다 능히 들어갔도다.

일체 여래의 모공에서 광명을 놓고 그 광명에서 게송으로 보현보살의 덕을 찬탄하는 내용이다. 불교에서 문수보살이 일체 존재의 내적 실상을 상징하는 보살이라면 보현보살은 일체 존재의 외적 현상을 상징하는 보살이다. 문수보살이 물이라면 보현보살은 물결이다. 사람의 정신세계를 문수보살이라고 한다면 육신의 작용과 그 활동은 보현보살이다. 마음이 문수보살이라면 마음의 작용은 보현보살이다. 몸을 문수보살이라고 한다면 몸짓은 보현보살이다. 이와 같이 전전이 옮겨 가면서 살펴보면 삼라만상 일체 만물 중 문수와 보현에 해당되지 않는 것이 없다. 그러므로 보현보살은 모든 세계에 두루 계시며 보배연꽃 위에 앉아 계신다. 일체 신통을 다 나타내며 한량없는 삼매에 다 드나든다.

2) 법계에 두루 하다

보현 항 이 종 종 신   법 계 주 류 실 충 만
普賢恒以種種身으로   **法界周流悉充滿**하야

삼 매 신 통 방 편 력   원 음 광 설 개 무 애
三昧神通方便力을   **圓音廣說皆無礙**로다

보현보살이 항상 가지가지 몸으로

법계에 두루 흘러 모두 충만하여

삼매와 신통과 방편과 힘을

원음圓音으로 널리 설하여 걸림이 없도다.

모든 존재의 외적 현상인 보현보살은 항상 가지가지 몸으로 법계에 두루 충만하다. 삼매와 신통과 방편과 힘을 원음으로 널리 연설하여 걸림이 없다.

일 체 찰 중 제 불 소   종 종 삼 매 현 신 통
一切刹中諸佛所에   **種種三昧現神通**하니

일 일 신 통 실 주 변   시 방 국 토 무 유 자
一一神通悉周徧하야   **十方國土無遺者**로다

일체 세계의 모든 부처님 처소에

가지가지 삼매로 신통을 나타내니

낱낱 신통이 다 두루 해서

시방국토에 빠진 곳이 없도다.

우주만유 삼라만상 두두물물이 그렇게 존재하고 그렇게 작용하는 것이 모두 다 보현보살의 삼매와 신통의 나타남이다.

여 일 체 찰 여 래 소
如一切刹如來所_{하야}

피 찰 진 중 실 역 연
彼刹塵中悉亦然_{하니}

소 현 삼 매 신 통 사
所現三昧神通事_가

비 로 자 나 지 원 력
毘盧遮那之願力_{이로다}

일체 세계의 여래의 처소와 같이

그 세계 먼지 속에도 다 또한 그러해

나타내신 삼매와 신통의 일이

비로자나 부처님의 원력이로다.

우주만유 삼라만상 두두물물이 그렇게 존재하고 그렇게 작용하는 것이 모두 다 보현보살의 삼매와 신통의 나타남이며, 또한 비로자나 부처님의 원력이다. 낱낱이 다 비로자나 부처님이요, 물물이 모두가 화장장엄세계라는 뜻이다. 만약 이와 같은 견해를 터득한다면 무엇이 장애가 되고 무엇이 부족하겠는가.

보 현 신 상 여 허 공
普賢身相如虛空하야

의 진 이 주 비 국 토
依眞而住非國土로대

수 제 중 생 심 소 욕
隨諸衆生心所欲하야

시 현 보 신 등 일 체
示現普身等一切로다

보현보살의 몸은 허공과 같아서

진여를 의지해서 머물고 국토는 아니지만

모든 중생들의 마음에 하고자 하는 바를 따라서

넓은 몸을 나타내어 일체에 평등하도다.

보현보살의 몸이 허공과 같다는 것은 법성신法性身이라는 뜻인데 법성이 그대로 보현보살의 몸이라는 뜻이다. 실로 법성은 원융하여 두 가지 모양이 아니다. 모든 법계의 성품이 그대로 보현보살의 몸이며 따라서 곧 모든 존재 그 자체다. 또 진여를 의지하여 머물고 국토가 아니라는 것은 법성토法性土를 뜻한다. 법계의 성품이 그대로 국토다. 무슨 별다른 국토가 있겠는가. 이미 모든 중생들의 마음에 하고자 하는 바를 따라서 널리 나타나 있다. 임제스님은 "법성신과 법성토는 모두가 그림자다."[2]라고 하였다. 일체가 오직 마음이 만든 것이라면 마음의 그림자 아닌 것이 없다.

보 현 안 주 제 대 원
普賢安住諸大願하야

획 차 무 량 신 통 력
獲此無量神通力이라

일 체 불 신 소 유 찰
一切佛身所有刹에

실 현 기 형 이 예 피
悉現其形而詣彼로다

보현보살은 모든 큰 서원에 안주하여

이러한 한량없는 신통력을 얻어서

2) 法性身法性土 明知是光影.

일체 부처님이 계시는 세계에

형상을 다 나타내어 그곳에 나아가도다.

보현보살이란 곧 서원이며 꿈이며 희망이며 기대감이다.
사람과 모든 생명이 있는 것들의 삶의 원동력이 곧 서원이며
그것이 곧 보현보살이다.

일 체 중 해 무 유 변　　　　분 신 주 피 역 무 량
一切衆海無有邊일새　　　分身住彼亦無量이라

소 현 국 토 개 엄 정　　　　일 찰 나 중 견 다 겁
所現國土皆嚴淨하야　　　一刹那中見多劫이로다

일체 대중바다가 끝이 없어서

분신으로 거기에 머무름도 또한 한량이 없고

나타난 국토가 다 청정하게 장엄하여

한 찰나 속에서 여러 겁을 보이도다.

화엄의 견해에서는 시간적인 면이나 공간적인 면 모두가
광협이 자재 무애하고 일다가 원융 상섭相攝하며 일념이 곧

무량겁이며 무량겁이 곧 일념이다. 그래서 "한 찰나 속에서 여러 겁을 보이도다."라고 하였다.

보 현 안 주 일 체 찰　　　　　소 현 신 통 승 무 비
普賢安住一切刹하니　　　　所現神通勝無比라

진 동 시 방 미 부 주　　　　　영 기 관 자 실 득 견
震動十方靡不周하야　　　令其觀者悉得見이로다

보현보살이 일체 세계에 안주하니
나타난 신통이 훌륭하여 비교할 데 없고
시방세계를 두루 다 진동하여
보는 이로 하여금 다 보게 하도다.

　화엄경에서 보통의 세계를 부처님 세계[佛刹]라고 하는 것은 사람과 일체 생명과 두두물물이 모두가 부처님인 까닭이다. 그런데 특별히 외적으로 드러난 모습과 그 작용들을 위주로 표현할 때는 "보현보살이 일체 세계에 안주하였다."라고도 한다.

일 체 불 지 공 덕 력　　　종 종 대 법 개 성 만
一切佛智功德力과　　種種大法皆成滿하야

이 제 삼 매 방 편 문　　　시 이 왕 석 보 리 행
以諸三昧方便門으로　示已往昔菩提行이로다

일체 부처님의 지혜와 공덕의 힘과

가지가지 큰 법이 다 만족하여

모든 삼매와 방편의 문으로

지난 옛적의 보리행을 다 보이도다.

　사람이 무엇인가를 보여 주려면 사전에 그 보여 줄 것을
준비해야 하듯이 보살도 지혜와 공덕과 가지가지 큰 법을
다 원만히 하여 모든 삼매와 방편으로 옛적에 닦은 보리행
을 보인다. 공부를 깊이 쌓지 아니하고 무엇을 사람들에게
보이겠는가.

3) 찬탄讚歎하다

여 시 자 재 부 사 의
如是自在不思議로

시 방 국 토 개 시 현
十方國土皆示現이

위 현 보 입 제 삼 매
爲顯普入諸三昧일새

불 광 운 중 찬 공 덕
佛光雲中讚功德이로다

이와 같은 자재와 불가사의로써

시방국토에 다 나타내 보임은

모든 삼매에 널리 들어감을 나타내기 위함이라

부처님의 광명구름 속에서 공덕을 찬탄하도다.

보현보살이 삼매에 들었다가 일어나니 열 가지 마니왕구름이 널리 비 내려 상서를 보이고 다시 일체 여래가 모공에서 광명을 놓았다. 그 광명 가운데서 게송을 설하여 공덕을 찬탄하였다. 화엄경은 시종일관 여래의 공덕과 보살들의 공덕을 찬탄하고 있다. 그래서 다시 보현보살의 공덕을 찬탄하는 내용으로 이어진다.

6. 게송으로 법을 청하다

이 시　일 체 보 살 중　개 향 보 현　　합 장 첨 앙
爾時에 一切菩薩衆이 皆向普賢하사 合掌瞻仰

승 불 신 력　　동 성 찬 언
하고 承佛神力하야 同聲讚言하사대

그때 일체 보살 대중들이 다 보현보살을 향하여 합
장하고 우러러보면서 부처님의 위신력을 받들어 같은
음성으로 찬탄하였습니다.

1) 보현보살의 덕을 찬탄하다

종 제 불 법 이 출 생　　　역 인 여 래 원 력 기
從諸佛法而出生하며　　亦因如來願力起라

진 여 평 등 허 공 장　　　여 이 엄 정 차 법 신
眞如平等虛空藏에　　　汝已嚴淨此法身이로다

모든 부처님의 법으로부터 출생하였으며
또한 여래의 원력을 인하여 일어남이라.
진여의 평등한 허공 창고에
그대가 이미 이 법신을 청정하게 장엄하였네.

일체 보살 대중들이 보현보살의 인과가 깊고 넓음을 찬
탄하였다. 먼저 보현보살은 "모든 부처님의 법으로부터 출
생하였다."라고 하였다. 그렇다. 모든 불교인은 누구나 다
같이 부처님의 법으로부터 다시 출생한 사람들이다. 금강경
에도 "법에 의하여 출생하다[依法出生]."라는 말이 있다. 부처
님의 제자로서 부처님의 가르침에 의하여 다시 출생하지 않
는다면 불교를 공부하는 것이 무슨 의미가 있겠는가. 인생
을 불교로부터 다시 출발해야 한다. 다음으로는 여래의 원
력을 자신의 원력으로 삼아야 한다. 그래서 원력이 넘치는
삶을 살아야 한다. 보현보살은 이와 같이 진여평등의 이치
대로 법신을 청정하게 장엄하였다.

일 체 불 찰 중 회 중
一切佛刹衆會中에

보 현 변 주 어 기 소
普賢徧住於其所라

공 덕 지 해 광 명 자
功德智海光明者가

등 조 시 방 무 불 견
等照十方無不見이로다

일체 부처님 세계의 대중 가운데
보현보살이 그곳에 두루 머물며
공덕과 지혜바다 광명으로
시방을 고루 비춰 다 보게 하도다.

보현보살은 불교의 자비정신을 구체적인 실천행으로 널리 펼치는 보살이다. 그러므로 불교가 있는 곳에는 곧 보현보살이 계시고 보현보살이 계시는 곳에는 곧 진정한 불교가 있는 것이 된다. 세계 곳곳에 공덕과 지혜의 광명을 골고루 비춰서 세상을 청정하게 해야 한다.

보 현 광 대 공 덕 해
普賢廣大功德海가

변 왕 시 방 친 근 불
徧往十方親近佛하사

일 체 진 중 소 유 찰
一切塵中所有刹에

실 능 예 피 이 명 현
悉能詣彼而明現이로다

보현보살의 광대한 공덕바다가
시방에 두루 가서 부처님을 친근하고
일체 티끌 가운데에 있는 세계에
거기에 다 나아가서 밝게 나타내도다.

보현보살이 갖는 공덕의 의미는 무어라고 표현할 수 없으리만치 넓고 크다. 그러므로 시방세계에 두루 다니면서 부처님을 다 친견한다. 그와 같은 일을 일체 티끌 가운데의 세계에까지 다 가고 다 나타낸다.

불 자 아 조 상 견 여
佛子我曹常見汝호니

제 여 래 소 실 친 근
諸如來所悉親近하야

주 어 삼 매 실 경 중
住於三昧實境中을

일 체 국 토 미 진 겁
一切國土微塵劫이로다

불자여, 항상 우리들은 그대를 보나니
모든 여래의 처소를 다 친근하고
삼매의 실다운 경계에 머물기를
일체 국토의 미진겁처럼 하도다.

일체 보살들은 보현보살이 행하시는 일을 항상 보고 있다. 모든 여래를 친근하고, 일체 미진겁 동안 삼매의 진실한 경계에 머무는 것을 다 알고 다 본다.

불 자 능 이 보 변 신
佛子能以普徧身으로

실 예 시 방 제 국 토
悉詣十方諸國土하사

중 생 대 해 함 제 도
衆生大海咸濟度하야

법 계 미 진 무 불 입
法界微塵無不入이로다

불자가 능히 보변신普徧身으로

시방의 모든 국토에 다 나아가서

중생들의 큰 바다를 모두 제도하여

법계의 작은 티끌에 다 들어가도다.

보현보살은 어디에도 다 나타난다. 법계의 작은 티끌에 다 들어간다. 그것이 보변신普徧身이다. 왜 그렇게 나타나는가. 많고 많은 중생들을 모두 제도하기 위해서다. 이러한 보현보살의 덕행을 찬탄한다.

입 어 법 계 일 체 진
入於法界一切塵하니

기 신 무 진 무 차 별
其身無盡無差別이라

비 여 허 공 실 주 변
譬如虛空悉周徧하야

연 설 여 래 광 대 법
演說如來廣大法이로다

법계의 일체 티끌에 다 들어가니

그 몸이 끝도 없고 차별도 없어

비유컨대 허공이 다 두루 함과 같이

여래의 광대한 법을 연설하도다.

보현보살이 법계의 일체 미진에 다 들어가서 무엇으로 중생들을 제도하는가. 여래의 넓고 큰 법을 연설하여 제도한다. 중생 구제에는 참으로 여러 가지 길이 있지만 가장 우선하는 것은 부처님이 깨달으신 모든 존재의 진실한 이치를 널리 깨우쳐 주는 가르침을 펴는 것이다. 그래서 부처님께 올리고 사람에게 올리는 온갖 공양 중에 법을 공양하는 일이 으뜸이라고 하는 것이다. 진리의 가르침인 법을 만 중생에게 공양하는 법공양法供養, 이 얼마나 아름답고 위대하고 훌륭한 일인가.

일 체 공 덕 광 명 자　　　　여 운 광 대 력 수 승
一切功德光明者가　　**如雲廣大力殊勝**하야

중 생 해 중 개 왕 예　　　　설 불 소 행 무 등 법
衆生海中皆往詣하사　**說佛所行無等法**이로다

일체 공덕의 광명을 지니신 분

구름처럼 넓고 큰 힘이 수승하시어

중생바다 속에 다 나아가서

부처님이 행하신 제일의 법을 연설하도다.

보현보살이 비록 부처님이 행하실 일체 보살행을 대신해
서 행하신다 하더라도 그것은 오로지 중생을 깨우치기 위해
서 모두 부처님이 행하신 제일의 법을 연설하는 일이다. 그
것이 일체 공덕의 광명을 지니신 분, 보현보살의 일이다.

위 도 중 생 어 겁 해　　　　보 현 승 행 개 수 습
爲度衆生於劫海예　　**普賢勝行皆修習**하사

연 일 체 법 여 대 운　　　　기 음 광 대 미 불 문
演一切法如大雲하니　**其音廣大靡不聞**이로다

중생을 제도하기 위해 겁의 바다에서
보현보살의 훌륭한 행을 모두 닦아
일체 법을 연설함이 큰 구름 같아서
그 소리 넓고 커서 두루 들리도다.

보현보살에게는 일체 보살들의 보살행을 대표하는 열 가지 행원行願이 있다. 그것을 보현승행普賢勝行이라고 한다. 즉, 모든 사람 모든 생명을 부처님으로 예배하고 공경하는 것이며, 모든 사람 모든 생명을 부처님으로 우러러 찬탄하는 것이며, 모든 사람 모든 생명을 부처님으로 널리 법공양하는 것이며, 스스로의 업장과 잘못을 뉘우치고 참회하는 것이며, 다른 사람의 공덕을 따라 기뻐하는 것이며, 모든 사람들에게 설법하여 주기를 청하는 것이며, 모든 사람 모든 생명을 부처님으로 여겨서 세상에 오래 머무시기를 청하는 것이며, 모든 사람 모든 생명을 부처님으로 여겨 항상 따라 배우는 것이며, 항상 중생의 입장을 생각하여 따라 주는 것이며, 이 모든 수행과 공덕을 다른 사람 다른 생명에게 회향하는 일이다. 이와 같은 일을 허공계가 다하고 중생의 세계가 다하고 중생의 업이 다하고 중생의 번뇌가 다할 때까지 하는 것이다.

2) 법을 청하다

국 토 운 하 득 성 립   제 불 운 하 이 출 현
國土云何得成立과   **諸佛云何而出現**과

급 이 일 체 중 생 해   원 수 기 의 여 실 설
及以一切衆生海를   **願隨其義如實說**하소서

국토는 어떻게 성립되었으며

모든 부처님은 어떻게 출현하며

그리고 일체 대중바다를

원컨대 그 뜻을 따라서 여실히 설하여 주소서.

일체 보살들이 보현보살에게 구체적으로 법을 청하는 내용이다. "국토가 어떻게 성립되었는가?"라는 것은 곧 이어서 나올 세계성취품世界成就品과 화장세계품華藏世界品이 그 답이다. 이와 같이 이어서 설해질 내용을 조금 언급하면서 법을 청

하였다.

차 중 무 량 대 중 해　　　　실 재 존 전 공 경 주
此中無量大衆海가　　　　悉在尊前恭敬住하니

위 전 청 정 묘 법 륜　　　　일 체 제 불 개 수 희
爲轉淸淨妙法輪하사　　　　一切諸佛皆隨喜케하소서

여기 이곳에 한량없는 대중바다가

모두 다 어른님 앞에 공경히 머무나니

그들을 위하여 청정한 묘법륜을 굴리시어

일체 모든 부처님이 다 따라 기뻐하게 하소서.

"중생 공양이 제불 공양이다."라는 말이 있다. 여기 온 법
계에 한량없는 대중바다가 펼쳐져 있다. 모두 모두 보현보
살 앞에서 공경히 법문을 들으려고 기다린다. 일체 보살들이
청정하고 미묘한 법을 설하시기를 청하였다. 중생들을 위하
여 법을 설하면 곧 일체 모든 부처님이 따라서 기뻐하신다고
하였다. 그것은 곧 중생 공양이 제불 공양이기 때문이다.

　보현행원품에 "보살이 중생을 수순하는 것은 곧 부처님

께 순종하여 공양하는 것이 되고, 중생들을 존중하여 섬기는 것은 곧 부처님을 존중하여 받드는 것이 되며, 중생들을 기쁘게 하는 것은 곧 부처님을 기쁘게 함이 되기 때문이다."라고 하였다. 또 말씀하시기를, "일체 중생은 뿌리가 되고 부처님과 보살들은 꽃과 열매가 되어 자비의 물로 중생들을 이롭게 하면 모든 부처님과 보살들의 지혜의 꽃과 열매를 이루느니라."라고 하였다.

보현보살의 삼매를 설명하는 보현삼매품은 이와 같이 그 뜻이 화엄경의 마지막 보현행원품으로 이어진다. 그래서 화엄경 전체를 꿰뚫고 있는 것은 보현보살의 보살행원이라고 말한다.

보현삼매품 끝

대방광불화엄경 강설

제7권

四. 세계성취품

세계성취품世界成就品은 법계가 이와 같이 펼쳐져 있음[法界安立海]에 대한 물음에 답한 것으로 세계가 존재하게 된 여러 가지 상황을 설명하고 있다. 세계는 곧 부처님과 보살들과 모든 중생과 일체 생명이 의지하여 살아가는 생활환경이다. 그것을 의지하는 과보, 즉 의보依報라 한다. 예컨대 거미는 평생 거미줄을 의지하고 살아간다. 그러나 거미줄은 나무를 의지하고, 나무는 땅을 의지하고, 땅은 또 온 우주를 의지하여 그렇게 존재한다.

부처님의 세계는 어떠하겠는가. 세계성취품에서는 부처님 세계의 이름들과 세계가 성취된 인연과 세계가 의지하여 머무는 일과 그 형상과 체성體性과 장엄과 방편과 부처님의 출현과 머무는 겁劫과 겁의 변천과 무차별 등등을 낱낱이 설명하고 있다.

1. 두루 관찰하다

이시   보현보살마하살   이불신력   변관
爾時에 普賢菩薩摩訶薩이 以佛神力으로   徧觀

찰 일 체 세 계 해   일 체 중 생 해   일 체 제 불 해   일
察一切世界海와 一切衆生海와 一切諸佛海와 一

체 법 계 해   일 체 중 생 업 해   일 체 중 생 근 욕 해
切法界海와 一切衆生業海와 一切衆生根欲海와

일 체 제 불 법 륜 해   일 체 삼 세 해   일 체 여 래 원 력
一切諸佛法輪海와 一切三世海와 一切如來願力

해   일 체 여 래 신 변 해
海와 一切如來神變海하시니라

그때에 보현보살마하살이 부처님의 위신력으로써 일
체 세계바다와 일체 중생바다와 일체 모든 부처님바다
와 일체 법계바다와 일체 중생들의 업業바다와 일체 중
생들의 근성과 욕망 바다와 일체 모든 부처님의 법륜바
다와 일체 삼세바다와 일체 여래의 원력願力바다와 일체
여래의 신통변화바다를 두루 관찰하였습니다.

화엄경의 설법 형식은 언제나 자신의 권속 대중들을 두루 살펴 관찰하고 나서 법을 설하는 방식이다. 보현보살도 역시 세계와 중생과 부처님 등을 관찰하고 법을 설한다. 관찰하는 범위가 다른 보살들의 관찰과는 크게 다르다. 세계에는 중생이 있고 중생이 있으면 부처님이 계신다. 부처님이 계시면 법이 있으며 법이 있으면 중생들의 업의 문제와 근성과 욕망의 문제와 그것을 대치하는 법륜의 문제와 과거 현재 미래의 문제와 여래의 원력과 여래의 중생을 제도하는 신통변화의 문제들을 두루 관찰하게 된다. 얼마나 큰 법을 설하려고 이와 같이 관찰하는가.

1) 부처님을 찬탄하다

(1) 지혜를 찬탄하다

여 시 관 찰 이   보 고 일 체 도 량 중 해 제 보 살 언
如是觀察已하고 **普告一切道場衆海諸菩薩言**

        불 자   제 불 세 존   지 일 체 세 계 해 성 괴 청
하사대 **佛子**야 **諸佛世尊**의 **知一切世界海成壞淸**

정지 　 불가사의 　 지일체중생업해지 　 불가사
淨智가 不可思議며 知一切衆生業海智가 不可思

의 　 지일체법계안립해지 　 불가사의 　 설일체
議며 知一切法界安立海智가 不可思議며 說一切

무변불해지 　 불가사의 　 입일체욕해근해지
無邊佛海智가 不可思議며 入一切欲解根海智가

불가사의 　 일념보지일체삼세지 　 불가사의
不可思議며 一念普知一切三世智가 不可思議며

현시일체여래무량원해지 　 불가사의 　 시현
顯示一切如來無量願海智가 不可思議며 示現

일체불신변해지 　 불가사의 　 전법륜지 　 불가
一切佛神變海智가 不可思議며 轉法輪智가 不可

사의 　 건립연설해 　 불가사의
思議며 建立演說海가 不可思議하나라

　이와 같이 관찰하고 나서 온갖 도량의 대중바다에
있는 모든 보살들에게 널리 말하였습니다.

　"불자들이여, 모든 부처님 세존께서는 일체 세계바
다의 이루어지고 무너지는 것을 아는 청정한 지혜가 불
가사의합니다. 일체 중생들의 업의 바다를 아는 지혜가
불가사의합니다. 일체 법계가 펼쳐져[安立] 있는 바다를 아는 지혜가 불가사의합니다. 일체 끝없는 부처님바다를 연설하는 지혜가 불가사의합니다. 일체 욕망과 이해와 근성 바다에 들어가는 지혜가 불가사의합니다. 한 생각에 일체 삼세를 널리 아는 지혜가 불가사의합니다. 일체 여래의 한량없는 서원바다를 나타내 보이는 지혜가 불가사의합니다. 일체 부처님의 신통변화바다를 나타내 보이는 지혜가 불가사의합니다. 법륜을 굴리는 지혜가 불가사의합니다. 연설바다를 건립함이 불가사의합니다."

  삼십 종의 불가사의한 덕을 찬탄하는 가운데 먼저 부처님의 열 가지 불가사의한 지혜를 찬탄하였다. 부처님의 지혜가 불가사의한 것을 바다가 깊고 넓음에 견주어 드러내고자 낱낱이 바다라고 하였다. 그러나 부처님의 지혜는 불가사의하지만 바다는 불가사의한 것이 아니다. 부족하나마 비슷한 바다를 이끌어서 다소라도 이해시키려는 뜻으로 알아야 할 것이다.

(2) 육근과 삼업을 찬탄하다

청정불신　불가사의　무변색상해보조명
清淨佛身이 **不可思議**며 **無邊色相海普照明**이

불가사의　상급수호개청정　불가사의　무변
不可思議며 **相及隨好皆清淨**이 **不可思議**며 **無邊**

색상　광명륜해구족청정　불가사의　종종색
色相의 **光明輪海具足清淨**이 **不可思議**며 **種種色**

상　광명운해　불가사의　수승보염해　불가
相의 **光明雲海**가 **不可思議**며 **殊勝寶焰海**가 **不可**

사의　성취언음해　불가사의　시현삼종자재
思議며 **成就言音海**가 **不可思議**며 **示現三種自在**

해　불가사의　조복성숙일체중생　불가사의
海가 **不可思議**며 **調伏成熟一切衆生**이 **不可思議**며

용맹조복제중생해　무공과자　불가사의
勇猛調伏諸衆生海하야 **無空過者**가 **不可思議**니라

"또한 청정한 부처님의 몸이 불가사의합니다. 끝없
는 색상의 바다가 널리 밝게 비침이 불가사의합니다. 상相
과 수호隨好가 다 청정함이 불가사의합니다. 그지없는 색
상의 광명바퀴바다가 구족하게 청정한 것이 불가사의합
니다. 가지가지 색상의 광명구름바다가 불가사의합니

다. 수승한 보석불꽃바다가 불가사의합니다. 말과 음성바다를 성취함이 불가사의합니다. 세 가지 자재自在바다를 나타내 보임이 불가사의합니다. 일체 중생을 조복調伏하고 성숙시킴이 불가사의합니다. 용맹스럽게 모든 중생바다를 조복해서 헛되이 지나침이 없음이 불가사의합니다.”

두 번째는 부처님의 육근과 삼업에 대한 열 가지 불가사의한 덕을 찬탄하였다. 부처님의 몸은 육신이면서 법신이고 법신이면서 또한 육신이다. 육신 그대로가 법신이다. 그래서 육근과 삼업이 그대로 존재하면서 이와 같이 불가사의하다. 사람의 육안으로는 다 볼 수 없지만 신체의 색상이나 형상과 형상을 따르는 수호가 모두 불가사의하다. 형상을 모두 육근이라 한다. 색상의 광명은 신업이 되고 음성은 구업이 되며 지혜는 의업이 된다. 그래서 육근 삼업이라 한다. 또 중생을 조복하고 성숙시키는 데는 자세히 말하면 세 가지가 있다. 처음이나 끝이나 부드러운 말로 섭수할 사람은 반드시 섭수하는 것과 처음이나 끝이나 거친 말로 절복할 사람은 반드시 절복하는 것과 때로는 부드러운 말로 하고 때로는 거친 말로 하여 성숙시킬 사람은 반드시 성숙시키는 것이다. 그래서 한 사람도 헛되이 지나침이 없다. 이것이 보살의 선교 방편이다.

(3) 덕의 작용이 원만함을 찬탄하다

안주불지 불가사의 입여래경계 불가사
安住佛地가 不可思議며 入如來境界가 不可思

의 위력호지 불가사의 관찰일체불지소행
議며 威力護持가 不可思議며 觀察一切佛智所行

불가사의 제력원만 무능최복 불가사
이 不可思議며 諸力圓滿하야 無能摧伏이 不可思

의 무외공덕 무능과자 불가사의 주무차
議며 無畏功德을 無能過者가 不可思議며 住無差

별삼매 불가사의 신통변화 불가사의 청
別三昧가 不可思議며 神通變化가 不可思議며 淸

정자재지 불가사의 일체불법 무능훼괴
淨自在智가 不可思議며 一切佛法을 無能毁壞가

불가사의
不可思議하니라

"그리고 부처님의 지위에 안주함이 불가사의합니다. 여래의 경계에 들어감이 불가사의합니다. 위신력으로 보호해 가짐이 불가사의합니다. 일체 부처님이 지혜로 행하신 것을 관찰함이 불가사의합니다. 모든 힘이 원만해서 다른 이가 능히 꺾어 조복할 수 없음이 불가사의합니다. 두려움 없는 공덕을 능히 지나갈 이가 없음이 불가사의합니다. 차별 없는 삼매에 머무는 것이 불가사의합니다. 신통변화가 불가사의합니다. 청정하고 자재한 지혜가 불가사의합니다. 일체 불법을 능히 무너뜨릴 수 없음이 불가사의합니다."

세 번째는 덕의 작용이 원만히 갖춤에 대하여 불가사의함을 찬탄하였다. 즉 부처님의 지위에 안주하고, 여래의 경계에 들어가고, 위신력을 보호해 가짐 등등이 모두 불가사의하다는 것이다.

2) 세계 성취

(1) 설법의 이익을 성취함

여시등일체법 아당승불신력 급일체여래
如是等一切法을 我當承佛神力과 及一切如來

위신력고 구족선설 위령중생 입불지
威神力故로 具足宣說호리니 爲令衆生으로 入佛智

혜해고 위령일체보살 어불공덕해중 득안
慧海故며 爲令一切菩薩로 於佛功德海中에 得安

주고 위령일체세계해 일체불 자재소장엄
住故며 爲令一切世界海로 一切佛이 自在所莊嚴

고 위령일체겁해중 여래종성 항부단고
故며 爲令一切劫海中에 如來種性이 恒不斷故며

위령어일체세계해중 현시제법진실성고
爲令於一切世界海中에 顯示諸法眞實性故며

"이와 같은 일체 법을 내가 마땅히 부처님의 위신력과
일체 여래의 위신력을 받들어 구족하게 설하겠습니다."

"중생들에게 부처님의 지혜바다에 들어가게 하기 위
한 까닭이며, 일체 보살들에게 부처님의 공덕바다 가운
데에 안주하게 하기 위한 까닭입니다. 일체 세계바다를

일체 부처님이 자재하게 장엄하기 위한 까닭이며, 일체 겁의 바다 가운데 여래의 종성種性이 항상 끊어지지 않게 하기 위한 까닭입니다. 일체 세계바다 가운데에 모든 법의 진실성을 나타내 보이기 위한 까닭입니다."

위 령 수 일 체 중 생　　무 량 해 해　　이 연 설 고
爲令隨一切衆生의 **無量解海**하야 **而演說故**며

위 령 수 일 체 중 생　　제 근 해　　방 편 영 생 제 불 법
爲令隨一切衆生의 **諸根海**하야 **方便令生諸佛法**

고　　위 령 수 일 체 중 생　　낙 욕 해　　최 파 일 체 장
故며 **爲令隨一切衆生**의 **樂欲海**하야 **摧破一切障**

애 산 고　　위 령 수 일 체 중 생　　심 행 해　　영 정 수
礙山故며 **爲令隨一切衆生**의 **心行海**하야 **令淨修**

치 출 요 도 고　　위 령 일 체 보 살　　안 주 보 현 원 해
治出要道故며 **爲令一切菩薩**로 **安住普賢願海**

중 고
中故라

"또 일체 중생들의 한량없는 이해의 바다를 따라서 연설하기 위한 까닭입니다. 일체 중생들의 모든 근기의

바다를 따라서 방편으로 모든 부처님의 법을 내게 하기 위한 까닭이며, 일체 중생들의 욕락欲樂의 바다를 따라서 모든 장애의 산을 꺾어 깨뜨리게 하기 위한 까닭입니다. 일체 중생들의 심행心行의 바다를 따라서 생사에서 벗어나는 요긴한 길을 청정하게 닦게 하기 위한 까닭이며, 일체 보살들이 보현보살의 서원의 바다 가운데에 안주하게 하기 위한 까닭입니다."

세계가 성취되는 뜻을 설법하여 이익을 이루게 되는 것을 밝혔다. 위의 경문은 열 개의 구절이 다섯으로 서로 상대하고 있다. 첫째는 지혜를 증득함과 복덕을 성취함이 서로 상대가 된다. 둘째는 세계를 장엄함과 종성種性이 끊어지지 않음이 서로 상대가 된다. 셋째는 법의 진실한 뜻과 가르침을 연설함이 서로 상대가 된다. 넷째는 선을 행함과 악을 소멸함이 서로 상대가 된다. 다섯째는 업장을 청정하게 함과 서원을 세움이 서로 상대가 된다. 이와 같은 내용은 화엄경 전체를 설하게 된 인연이기도 하다.

(2) 설법의 의미

是_시時_시에 普_보賢_현菩_보薩_살이 復_부欲_욕令_령無_무量_량道_도場_량衆_중海_해로 生_생

歡_환喜_희故_고며 令_령於_어一_일切_체法_법에 增_증長_장愛_애樂_락故_고며 令_령生_생廣_광大_대

眞_진實_실信_신解_해海_해故_고며 令_령淨_정治_치普_보門_문法_법界_계藏_장身_신故_고며 令_령

安_안立_립普_보賢_현願_원海_해故_고며 令_령淨_정治_치入_입三_삼世_세平_평等_등智_지眼_안故_고며

令_령增_증長_장普_보照_조一_일切_체世_세間_간藏_장大_대慧_혜海_해故_고며 令_령生_생陀_다羅_라

尼_니力_력하야 持_지一_일切_체法_법輪_륜故_고며 令_령於_어一_일切_체道_도場_량中_중에 盡_진

佛_불境_경界_계悉_실開_개示_시故_고며 令_령開_개闡_천一_일切_체如_여來_래法_법門_문故_고며 令_령

增_증長_장法_법界_계廣_광大_대甚_심深_심一_일切_체智_지性_성故_고로 卽_즉說_설頌_송言_언하사대

이때에 보현보살이 또 한량없는 도량의 대중바다로 하여금 기쁨을 내게 하는 까닭이며, 일체 법에 즐거움을 증장하게 하는 까닭이며, 넓고 크고 진실한 믿음과

이해의 바다를 내게 하는 까닭이며, 넓은 문으로 법계장法界藏의 몸을 깨끗이 다스리게 하는 까닭이며, 보현의 서원바다를 잘 세우게 하는 까닭이며, 삼세가 평등한 데 들어가는 지혜의 눈을 맑게 다스리게 하는 까닭이며, 일체 세간을 널리 비추는 창고의 큰 지혜바다를 증장增長케 하는 까닭이며, 다라니의 힘을 내어 일체 법륜을 가지게 하는 까닭이며, 일체 도량 가운데에 부처님의 경계를 다 열어 보이게 하는 까닭이며, 일체 여래의 법문을 열게 하는 까닭이며, 법계의 광대하고 심히 깊은 일체 지혜의 성품을 증장하게 하고자 하는 까닭으로 곧 게송을 설하였습니다.

앞으로 게송을 설하게 되는 것에 대하여 먼저 열한 구절로써 그 뜻을 밝혔다. 첫째는 전체적인 뜻이다. 즉 게송의 법을 듣고 반드시 기쁨을 내게 된다는 것인데 뒤의 열 구절 역시 다섯으로 서로 상대하여 기쁨의 의미를 나타내었다. 첫째는 법의 즐거움을 증장하여 믿음을 내는 것이 서로 상대가 된다. 둘째는 성품을 증득하여 서원을 세우는 것이 서로 상대가 된다. 셋째는 진제를 알아 속제에 들어가는 것이 서

로 상대가 된다. 넷째는 다라니를 지니어 부처님의 경계를
열어 보임이 서로 상대가 된다. 다섯째는 법문을 듣고 지혜
가 증장함이 서로 상대가 된다. 이와 같은 상대적 관계를 들
어 법을 표현하는 것을 자세히 관찰하면 매우 절묘함을 알
게 될 것이다.

(3) 부처님이 출현하는 뜻

지 혜 심 심 공 덕 해
智慧甚深功德海가

보 현 시 방 무 량 국
普現十方無量國하사

수 제 중 생 소 응 견
隨諸衆生所應見하야

광 명 변 조 전 법 륜
光明徧照轉法輪이로다

지혜의 심히 깊은 공덕바다가

시방의 한량없는 국토에 널리 나타나

모든 중생들의 보는 바를 따라서

광명을 두루 비춰 법륜을 굴리도다.

부처님이란 곧 존재의 실상이며 진리며 깨달음이며 광명
이며 지혜며 공덕바다며 설법이며 가르침이다. 이와 같은 부

처님이 시방의 한량없는 국토에 두루 나타나서 중생들이 보
는 바를 따라 그 광명을 두루 비춰 법륜을 굴린다. 부처님은
곧 이와 같은 목적으로 출현하셨다.

시방 찰 해 파 사 의
十方刹海叵思議를

불 무 량 겁 개 엄 정
佛無量劫皆嚴淨하시고

위 화 중 생 사 성 숙
爲化衆生使成熟하사

출 홍 일 체 제 국 토
出興一切諸國土로다

시방세계 바다의 불가사의함을
부처님이 한량없는 겁 동안 다 장엄하시고
중생들을 교화하여 성숙케 하사
일체 모든 국토에 출현하였다.

부처님이 출현하신 뜻은 곧 불교가 이 땅에 존재하는 이
유가 된다. 불교는 넓고 넓은 세상과 많고 많은 생명들이 아
름답고 평화롭게 삶을 영위할 수 있도록 청정하게 장엄하기
위해서 존재한다. 그리고 그 모든 생명들이 무한히 성숙해지
도록 가르치고 교화하려고 존재한다. 이와 같은 존재 목적

을 상실하면 그것은 이미 불교가 아니다. 또한 부처님이 계시지 않는 것이다.

(4) 법기法器

불 경 심 심 난 가 사
佛境甚深難可思를

보 시 중 생 영 득 입
普示衆生令得入이어시늘

기 심 락 소 착 제 유
其心樂小着諸有일새

불 능 통 달 불 소 오
不能通達佛所悟로다

부처님의 경계 매우 깊어 생각하기 어려운데
중생에게 널리 보여 들어가게 하시건만
그 마음 소승小乘 즐겨 모든 유有에 집착하여
부처님이 깨달은 것 통달하지 못하네.

부처님이 깨달으신 진리의 경계를 이해하려면 그만 한 그릇이 되어야 한다. 부처님의 경계란 깨달음이며 진리며 광명이며 지혜와 자비다. 그러나 이와 같은 표현은 모두가 언어이며 문자일 뿐이다. 그 모두의 실상은 아니다. 실상은 깊고 깊어 불가사의하다. 중생들은 아무리 깨우쳐 주려고 하나

근성이 나약하고 세상사를 좋아하며 또한 소승법을 좋아하여 눈에 보이는 현상들만 집착한다. 부처님이 깨달으신 바를 언제쯤 알겠는가.

약 유 정 신 견 고 심
若有淨信堅固心이면

상 득 친 근 선 지 식
常得親近善知識이니

일 체 제 불 여 기 력
一切諸佛與其力하야사

차 내 능 입 여 래 지
此乃能入如來智로다

만약 깨끗한 믿음과 견고한 마음이 있으면
항상 선지식을 친근하리니
일체 모든 부처님이 그 힘을 주어야
이에 능히 여래의 지혜에 들어가리라.

불법을 이해하려면 아무리 얕은 내용이라도 믿는 마음이 있어야 한다. 더구나 고준한 화엄의 도리를 이해하고 부처님의 궁극의 가르침을 터득하려면 청정한 신심과 견고한 마음이 필요하다. 청정한 신심과 견고한 마음이 있으면 저절로 선지식을 만나게 되고, 나아가서 힘을 얻게 되고, 궁극에는 여래의 지혜에 들어가게 되리라.

이 제 첨 광 심 청 정
離諸諂誑心淸淨하고

상 락 자 비 성 환 희
常樂慈悲性歡喜하며

지 욕 광 대 심 신 인
志欲廣大深信人은

피 문 차 법 생 흔 열
彼聞此法生欣悅이로다

모든 아첨과 거짓을 떠나 마음이 청정하고
항상 자비를 좋아하고 성품이 환희하며
뜻이 광대하고 깊은 신심이 있는 사람
그는 이 법을 듣고 기뻐하리라.

화엄경을 좋아하고 화엄경에서 큰 기쁨과 삶의 보람을
느끼는 사람은 기본이 아첨과 거짓을 떠나 마음이 청정해야
한다. 항상 자비를 좋아하고 성품이 환희해야 한다. 뜻이
광대하고 깊은 신심이 있어야 한다. 그와 같은 사람은 "이
몸을 바쳐 내가 그 죽을 곳을 얻었다."라고까지 할 수 있을
것이다.

안 주 보 현 제 원 지　　　　수 행 보 살 청 정 도
安住普賢諸願地하고　　　修行菩薩淸淨道하며

관 찰 법 계 여 허 공　　　　차 내 능 지 불 행 처
觀察法界如虛空하야사　　此乃能知佛行處로다

보현보살의 모든 서원의 땅에 안주하고

보살의 청정한 도 수행하며

법계를 허공같이 관찰하여야

이에 능히 부처님의 행한 곳을 알리라.

　부처님의 행한 곳을 안다는 것은 불법의 깊고 깊은 경지
를 아는 일이다. 불법의 깊은 경지란 온 법계를 텅 빈 허공과
같이 관찰하고 그 위에 보현보살의 행원을 열심히 실천하는
일이다.

차 제 보 살 획 선 리　　　　견 불 일 체 신 통 력
此諸菩薩獲善利하야　　　見佛一切神通力하나니

수 여 도 자 막 능 지　　　　보 현 행 인 방 득 오
修餘道者莫能知요　　　　普賢行人方得悟로다

이 모든 보살들 좋은 이익 얻어서
부처님의 모든 신통력을 보나니
다른 도를 닦은 이는 알 수 없지만
보현행 하는 사람 깨닫게 되리.

불교의 결론은 보현행이며, 화엄경의 결론도 보현행이다.
그래서 화엄경의 마지막을 보현행원품으로 결론짓고 있으
며, 경전의 초반부터 중간 사이사이에도 꾸준하게 보현보살
의 행원을 강조하고 있다. 그러므로 화엄경의 중심 사상
은 유심사상唯心思想이 아니라 행원사상行願思想이라고 할 수
있다.

(5) 부처님의 경계

중 생 광 대 무 유 변　　　여 래 일 체 개 호 념
衆生廣大無有邊이어늘　　如來一切皆護念하사

전 정 법 륜 미 부 지　　　비 로 자 나 경 계 력
轉正法輪靡不至하시니　　毘盧遮那境界力이로다

중생들 광대하여 끝이 없거늘

여래가 모두 다 호념護念하사

정법륜을 굴리어 다 이르게 하시니

비로자나 경계의 힘이로다.

보현행원이 아니면 광대무변한 중생들을 다 거둘 수 없다. 여래께서 일체 중생을 호념護念하는 것도 모두 보현보살의 행원이다. 정법륜을 굴리어 존재의 실상을 깨닫게 하는 것도 모두 보현행원에서 이루어진 것이다. 그러므로 법신 비로자나 부처님의 경계란 궁극적으로 보현행원이다.

(6) 듣기를 권하다

일 체 찰 토 입 아 신	소 주 제 불 역 부 연
一切刹土入我身하며	所住諸佛亦復然하니

여 응 관 아 제 모 공	아 금 시 여 불 경 계
汝應觀我諸毛孔하라	我今示汝佛境界하리라

일체 세계가 내 몸에 들어오고

머무시는 모든 부처님도 또한 그러해

그대는 응당 나의 모든 모공毛孔을 관찰하라.

내가 지금 그대에게 부처님의 경계를 보이리라.

보현행원은 사람과 유정 무정이 하는 일들 중에서 가장 위대한 일이다. 진실로 위대한 일이란 일체 중생에게 회향하는 일이어야 하고, 일체 유정들을 이익하게 하는 일이어야 한다. 보현행원은 그러하기 때문에 일체 세계가 다 보현보살의 몸속에 들어온다고 표현하였다. 부처님도 또한 보현보살의 몸속에 머무신다고 한 것은 보현행원은 곧 부처님이라는 뜻이다. 이와 같이 보현보살의 모공 속에는 낱낱이 부처님의 경계가 있다. "그대는 응당 나의 모든 모공毛孔을 관찰하라."라고 한 뜻이 그것이다. 보현행원이 아니면 부처님도 불법도 존재하지 않는다.

보 현 행 원 무 변 제
普賢行願無邊際어늘

아 이 수 행 득 구 족
我已修行得具足이라

보 현 경 계 광 대 신
普賢境界廣大身이여

시 불 소 행 응 체 청
是佛所行應諦聽이어다

보현행원은 그 끝이 없거늘

내가 이미 수행하여 구족하였고

보현보살의 경계와 광대한 몸은

부처님이 행하신 바니 자세히 들어라.

보현보살은 곧 보현행원이며, 보현행원은 다시 부처님의 실천행이다. 그러므로 그 경계는 끝이 없다. 보현행원이 그대로가 광대한 몸이기도 하다. 어쩌면 우주 삼라만상이 그대로 보현행원의 표현일지 모른다. 정리하면 세상은 그대로 보현행원이며, 세상은 그대로 불법 그 자체며, 불법은 곧 보현행원이다. 만약 보현행원을 제외한다면 불교는 없다. 이러한 사실 때문에 보현보살은 대중들을 향하여 보현행원을 반드시 자세히 듣고 행하기를 권하고 있다.

2. 세계 성취의 10종사

1) 10종사의 명칭

이 시　보 현 보 살 마 하 살　고 제 대 중 언
爾時에 **普賢菩薩摩訶薩**이 **告諸大衆言**하사대

제 불 자　세 계 해　유 십 종 사　과 거 현 재 미 래
諸佛子야 **世界海**에 **有十種事**하야 **過去現在未來**

제 불　이 설 현 설 당 설
諸佛이 **已說現說當說**이시니라

　그때에 보현보살마하살이 모든 대중들에게 말하였습니다.

　"모든 불자들이여, 세계바다에 열 가지 일이 있어서 과거와 현재와 미래 부처님이 이미 설하셨으며, 현재에 설하시며, 앞으로도 설할 것이니라."

　세계 성취의 일은 시간적으로 과거와 현재와 미래에 있어서 언제 어디서나 있는 일이다. 그래서 "과거와 현재와 미래

부처님이 이미 설하셨으며, 현재에 설하시며, 앞으로도 설할 것이니라."라고 하였다. 세계가 그러하므로 세계에 의지해서 존재하는 사람과 일체 생명과 무정물에 이르기까지 모두 그와 같다.

何者가 爲十고 所謂世界海起具因緣과 世界海

所依住와 世界海形狀과 世界海體性과 世界海莊

嚴과 世界海淸淨과 世界海佛出興과 世界海劫住와

世界海劫轉變差別과 世界海無差別門이니라 諸

佛子야 略說世界海의 有此十事이니와 若廣說者인댄

與世界海微塵數로 等하니 過去現在未來諸佛이

已說現說當說이시니라

"무엇이 열 가지인가. 이른바 세계바다가 일어날 때 갖춘 인연因緣과 세계바다가 의지해서 머무는 것[依住]과 세계바다의 형상形狀과 세계바다의 체성體性과 세계바다의 장엄莊嚴과 세계바다의 청정淸淨과 세계바다의 부처님 출현과 세계바다의 겁주劫住와 세계바다의 겁이 전변轉變하는 차별과 세계바다의 차별 없는 문들이니라.

모든 불자들이여, 간략히 말해서 세계바다에 이러한 열 가지 일이 있으나 만약 널리 말한다면 세계바다 미진수와 같으니라. 과거와 현재와 미래의 모든 부처님이 이미 말씀하셨고 현재에 말씀하시고 앞으로 말씀하시니라."

부처님이 세상에 출현하는 일은 세계가 성취되는 일과 같이 무수하고 무량하고 무변하다. 또한 사람이 여기에 이와 같이 존재하는 일도 역시 무수하고 무량하고 무변하다. 실은 풀 한 포기나 나무 한 그루, 모래 한 알에 이르기까지 일체 존재가 또한 그와 같아서 무수하고 무량하고 무변한 일이 있어서 이와 같이 존재하게 된 것이다.

첫째 그 인연이 그렇고, 의지해서 머무는 것[依住]이 그렇고, 형상이 그렇고, 체성體性이 그렇고, 장엄莊嚴이 그렇다. 밝은 눈으로 깊이 있게 살펴보면 무엇 하나 무량 무수 무변하지 않은 것이 없다.

2) 세계 성취의 인연

(1) 10종 인연

제 불 자　약 설 이 십 종 인 연 고　일 체 세 계 해
諸佛子야 **略說以十種因緣故**로 **一切世界海**가
이 성 현 성 당 성
已成現成當成호리라

　"모든 불자들이여, 간략히 말하면 열 가지 인연으로 말미암아 일체 세계바다가 이미 이루어졌으며, 현재 이루어지고, 앞으로도 이루어질 것이니라."

　불교의 가르침에서 무엇보다 가장 우선하는 것은 인연의 이치다. 세계가 성취되는 일에 어찌 열 가지 인연뿐이겠는가. 그래서 "간략하게 말한 열 가지 인연이지만 만약 널리 말한다면 세계바다 미진수가 있느니라."라고 하였다. 과거의 세

계나 현재의 세계나 미래의 세계 모두가 무량하고 무수하고 무변한 인연이 동원되어서 우리가 사는 이 세계가 이와 같이 존재한다. 그뿐만 아니라 세계에 의지하여 존재하는 유정 무정과 두두물물 하나하나가 모두 그와 같이 무량하고 무수하고 무변한 인연이 동원되어서 그렇게 존재한다.

何者가 爲十고 所謂如來神力故며 法應如是故며

一切衆生의 行業故며 一切菩薩이 成一切智所得

故며 一切衆生과 及諸菩薩이 同集善根故며 一切

菩薩이 嚴淨國土願力故며 一切菩薩이 成就不退

行願故며 一切菩薩의 淸淨勝解가 自在故며 一切

如來의 善根所流와 及一切諸佛의 成道時自在勢

력고　　보현보살　자재원력고　　　제불자　시
力故며 **普賢菩薩**의 **自在願力故**니라 **諸佛子**야 **是**

위 약 설 십 종 인 연　　　　약 광 설 자　　유 세 계 해
爲略說十種因緣이어니와 **若廣說者**인댄 **有世界海**

미 진 수
微塵數니라

　"무엇을 열 가지라 하는가. 이른바 여래의 위신력인
연고며, 법이 응당 이와 같은 연고며, 모든 중생들의 행
과 업인 연고며, 일체 보살들이 일체 지혜를 이루어서
얻은 연고며, 일체 중생과 모든 보살들이 함께 선근을
모은 연고며, 일체 보살들이 국토를 청정하게 장엄한
원력願力인 연고며, 일체 보살들이 물러가지 않는 행과
원을 성취한 연고며, 일체 보살들의 청정하고 훌륭한
이해가 자재한 연고며, 일체 여래의 선근에서 흘러나온
것과 일체 모든 부처님이 도道를 이룰 때의 자재하신 세
력勢力인 연고며, 보현보살의 자재한 원력인 연고니라.

　모든 불자들이여, 이것이 간략하게 말한 열 가지 인
연이지만 만약 널리 말한다면 세계바다 미진수가 있느
니라."

세계가 이렇게 존재하고, 우리들 자신이 이렇게 존재하고, 우리들 자신이 살아온 역사가 이렇게 존재하고, 우리들의 주변 환경이 이렇게 존재하는 것도 모두 여래의 위신력 때문이다. 세계가 성취된 무수한 인연이 있는 가운데 그중에 대표적인 열 가지 인연, 그 가운데 첫 번째 인연은 여래의 위신력이다. 그렇다면 여래의 위신력이란 무엇인가. 이 모든 사실을 인식하는 능력이다. 인간 여래의 그 능력으로 세계가 이렇게 성취되었다. 또 다른 시각에서 보면 이치가 응당 그렇게 되어 있기 때문에 세계가 성취되었다. 법이 응당 이와 같은 까닭이 중요한 또 하나의 인연이다. 아무래도 세계에는 중생이 가장 많고 또 중생이 주인이다. 그러므로 모든 중생들의 행위와 업이 세계를 성취하게 된 또 하나의 큰 인연이다. 세계가 이와 같이 성취되는 데는 또한 보살들의 지혜를 빠뜨릴 수 없다. 그래서 "일체 보살들이 일체 지혜를 이루어서 얻은 연고다."라고 하였다. 중생과 보살들이 선근을 모은 것도 또한 큰 인연이다. 살기 좋고 바람직한 세계가 성취되려면 모두가 정직하고 선량하고 지혜로워야 한다. 선근이란 그런 것이다.

또한 일체 보살들이 국토와 세계를 청정하게 하려는 원력 때문이다. 사람의 몸을 받아 세상에 와서 무엇이든 보탬이 되고 유익해야 세상에 온 의무와 보람을 다하는 것이다. 국토를 청정하게 한다는 것은 곧 세상을 정화하고 사회를 정화하는 일이다. 보살로서 정직하게 살고 선량하게 살고 지혜롭게 살면서 세상에 유익하고 보탬이 되는 삶을 한두 번에 그쳐서는 안 된다. 끊임없이 하여 퇴전하지 않아야 한다. 보살은 청정하고 훌륭한 이해가 있어서 세상 사람들을 바르게 가르쳐야 한다. 이것이 세계가 성취되어 존재하는 이유다.

일체 여래가 여래로서 세상에서 중생들을 교화하고 조복하는 일이 없다면 세계가 성취되었어도 별다른 보람이 없다. 여래가 가진 뛰어난 선근을 마음껏 흘려 보낼 수 있는 것도 세계 성취의 큰 이유다. 궁극적으로는 보현보살의 크나큰 원력이 세계가 성취된 큰 이유다. 세계 성취의 인연은 무량하고 무수하고 무변하지만 간단히 요약하면 위와 같은 열 가지 이유가 있다. 그래서 "이것이 간략하게 말한 열 가지 인연이지만 만약 널리 말한다면 세계바다 미진수가 있느니라." 라고 하였다.

(2) 게송으로 거듭 펴다

이시　보현보살　욕중선기의　승불위력
爾時에 **普賢菩薩**이 **欲重宣其義**하사 **承佛威力**

관찰시방　이설송언
하사 **觀察十方**하고 **而說頌言**하사대

그때에 보현보살이 그 뜻을 거듭 펴려고 부처님의 위
신력을 받들어 시방을 관찰하고 게송을 설하였습니다.

소설무변중찰해　비로자나실엄정
所說無邊衆刹海를　**毘盧遮那悉嚴淨**하시니

세존경계부사의　지혜신통력여시
世尊境界不思議어　**智慧神通力如是**로다

말한 바 끝없는 온갖 세계바다를

비로자나 부처님이 다 장엄하사

세존의 경계 부사의함이여

지혜와 신통의 힘이 이와 같도다.

세계 성취의 10종 인연에 대하여 다시 게송으로 거듭 밝
힌다. 하늘은 어찌하여 저렇게 드넓은가. 구름은 어찌하여

저렇게 떠가는가. 바람은 또 어찌하여 저렇게 불어오는가. 산천초목은 또 어찌하여 계절을 따라 저렇게 아름답게 변화하는가. 어찌하여 해와 달은 뜨고 지면서 밤과 낮으로 그렇게 달라지는가. 비로자나 부처님이 장엄하신 일을 낱낱이 살펴보면 세세생생 헤아리며 열거해도 끝이 없으리라. 모두가 불가사의한 세존의 지혜와 신통의 힘이로다.

보 살 수 행 제 원 해
菩薩修行諸願海하야

보 수 중 생 심 소 욕
普隨衆生心所欲하나니

중 생 심 행 광 무 변
衆生心行廣無邊일새

보 살 국 토 변 시 방
菩薩國土徧十方이로다

보살이 모든 서원바다를 수행하여
중생들 마음의 욕망을 널리 따르나니
중생들 마음의 흐름[行]이 끝없이 넓어
보살의 국토가 시방에 두루 하도다.

모든 사람은 서원이 있고 꿈이 있고 희망이 있다. 그 가운데 그 꿈이 다른 사람에게 이익이 되고 도움이 되는 것이

라면 서원이라고 할 수 있지만 자신만을 위하고 자신의 가족만을 위한 꿈이라면 그것은 그냥 생명들의 본능일 뿐이다. 그것은 다른 동물이나 조류나 어류들도 다 할 줄 아는 것이기 때문이다. 보살이 수행한 서원은 시방에 두루 한 중생들의 마음을 다 따른다.

보 살 취 어 일 체 지
菩薩趣於一切智하야

근 수 종 종 자 재 력
勤修種種自在力일새

무 량 원 해 보 출 생
無量願海普出生하야

광 대 찰 토 개 성 취
廣大刹土皆成就로다

보살이 일체 지혜에 나아가서

갖가지 자재한 힘을 부지런히 닦으며

한량없는 서원바다 널리 내어서

광대한 세계를 다 성취하도다.

사홍서원에 중생무변서원도衆生無邊誓願度라는 말이 있다. 보살은 일체 지혜에 나아가서 가지가지 자재한 힘을 부지런히 닦아서 한량없는 서원을 내어 광대한 국토의 무변한 중생들을 성취시키는 것이 삶의 목적이다.

수 제 행 해 무 유 변　　　입 불 경 계 역 무 량
修諸行海無有邊하며　　**入佛境界亦無量**이라

위 정 시 방 제 국 토　　　일 일 토 경 무 량 겁
爲淨十方諸國土하야　　**一一土經無量劫**이로다

모든 행의 바다를 닦은 것이 끝없으며
부처님의 경계에 들어감도 또한 한량없어서
시방의 모든 국토를 청정하게 하기 위하여
낱낱 국토에서 무량겁을 지내도다.

보살이 오랜 세월 동안 무량한 수행을 닦은 것은 세상을 청정하게 하기 위함이다. 세상이 청정하다는 것은 세상에 사는 모든 사람들이 정직하고 선량하고 지혜롭고 인정이 넘치는 것이다. 만약 모든 사람들이 정직하고 선량하고 지혜롭고 인정이 넘친다면 그와 같은 세상은 참으로 아름답고 청정해서 실로 살기 좋은 곳이 될 것이다. 설사 모든 주거 시설을 황금과 다이아몬드로 지었다 하더라도 그 안에 사는 사람들이 만약 사기와 절도와 속임수와 같은 온갖 악행을 저질러서 한숨과 눈물과 원한이 넘쳐난다면 그곳은 그대로가 지옥이리라.

중생 번뇌 소 요 탁   분 별 욕 락 비 일 상
衆生煩惱所擾濁으로   **分別欲樂非一相**이라

수 심 조 업 부 사 의   일 체 찰 해 사 성 립
隨心造業不思議여   **一切刹海斯成立**이로다

중생들이 번뇌에 흔들리고 혼탁하여
분별심과 욕락이 한 가지가 아니라
마음을 따라 업을 지음이 부사의하여
일체 세계바다가 이렇게 성립되었도다.

업력난사의業力難思議라. 사람의 업으로 지은 세계는 아무리 자세히 알려고 하더라도 다 알 수 없다. 세계는 왜 그렇게 미묘 불가사의한가. 세계는 모두 사람의 업력으로 지어진 것이기 때문이다. 세계와 같이 사람의 업력도 또한 불가사의하기 때문이다.

불 자 찰 해 장 엄 장　　　이 구 광 명 보 소 성
佛子刹海莊嚴藏이　　　離垢光明寶所成이라

사 유 광 대 신 해 심　　　시 방 소 주 함 여 시
斯由廣大信解心이니　　　十方所住咸如是로다

불자여, 세계바다 장엄 창고는

청정한 광명보석으로 이루어졌도다.

이것은 넓고 큰 신해심信解心 때문이니

시방에 있는 것이 다 이러하도다.

세계의 실상을 바르게 믿고 이해하면 모두가 청정한 광
명보석으로 이루어졌다는 사실을 알게 될 것이다. 어느 한
세계만 그런 것이 아니라 시방에 있는 모든 세계가 다 그와
같다. 화엄경 서두에 "부처님이 처음 정각을 이루시니 그 땅
은 견고하여 다이아몬드로 이루어졌더라."라고 하였다. 이
말씀은 화엄경을 이해하는 가장 중요한 열쇠가 된다.

보 살 능 수 보 현 행　　　유 행 법 계 미 진 도
菩薩能修普賢行하야　　　遊行法界微塵道하야

진 중 실 현 무 량 찰　　　청 정 광 대 여 허 공
塵中悉現無量刹하니　　清淨廣大如虛空이로다

보살이 능히 보현행을 닦아서

법계의 미진수와 같은 길에 다니며

티끌 속에서 한량없는 세계를 다 나타내니

청정하고 광대하기 허공과 같도다.

보살이 하는 일이란 보현행원을 닦는 것이다. 닦고 닦은
보현행원을 어느 한곳에서만 실천하는 것이 아니라 온 법계
를 두루 다니면서 곳곳마다 빠짐없이 나타내 보인다. 그래
서 세상을 청정하고 살기 좋은 곳으로 만들어야 한다. 사람
들을 모두 정직하고 선량하고 지혜롭게 가르쳐서 평화롭고
행복한 세상을 만드는 것이 보살의 할 일이다.

등 허 공 계 현 신 통　　　실 예 도 량 제 불 소
等虛空界現神通하사　　悉詣道場諸佛所하야

연 화 좌 상 시 중 상　　　일 일 신 포 일 체 찰
蓮華座上示衆相하시니　一一身包一切刹이로다

허공과 같은 세계에 신통을 나타내어
도량의 부처님 처소에 다 나아가서
연꽃 자리 위에서 온갖 모습 보이시어
낱낱 몸이 일체 세계를 에워쌌도다.

사람 부처가 있는가 하면 사람 보살도 있어서 궁극의 입장에서는 사람이 곧 부처며 사람이 곧 보살이다. 그 사람 보살이 온 세계에 신통을 나타내어 일체 도량의 부처님 처소에 낱낱이 나아가 연꽃 자리에 앉아 온갖 모습을 다 나타낸다. 그 낱낱 몸으로 또한 일체 세계를 다 에워싼다. "눈가죽은 삼천대천세계를 다 에워싸고 콧구멍은 백억의 몸을 다 담아 감춘다."[3]라는 선게禪偈의 표현과 같다.

일 념 보 현 어 삼 세   일 체 찰 해 개 성 립
一念普現於三世하사   一切刹海皆成立하고

---

3) 眼皮蓋盡三千界 鼻孔盛藏百億身.

불 이 방 편 실 입 중　　　차 시 비 로 소 엄 정
佛以方便悉入中하시니　**此是毗盧所嚴淨**이로다

한 생각에 삼세를 널리 나타내어
일체 세계바다가 다 성립하고
부처님이 방편으로 그 속에 다 들어가시니
이것은 비로자나가 엄정한 것이로다.

　"한 생각에 삼세를 널리 나타내어 일체 세계바다가 다 성립한다."라는 것은 화엄경의 중심 사상인 무애사상無礙思想을 엿보는 내용이다. 시간과 공간이 모두 걸림이 없음을 표현하였다. 참고로 10종 무애를 열거하면 다음과 같다. 이사理事무애, 성괴成壞무애, 광협廣陜무애, 상입相入무애, 상즉相卽무애, 미세微細무애, 은현隱顯무애, 중현重現무애, 주반主伴무애, 시처時處무애다.

3) 세계의 의주依住

(1) 10종 의주依住

이시　　보현보살　부고대중언　　　제불자
爾時에 普賢菩薩이 復告大衆言하사대 諸佛子야

일일세계해　　유세계해미진수소의주　　소위
一一世界海에 有世界海微塵數所依住하니 所謂

혹의일체장엄주　혹의허공주　혹의일체보
或依一切莊嚴住며 或依虛空住며 或依一切寶

광명주　혹의일체불광명주　혹의일체보색
光明住며 或依一切佛光明住며 或依一切寶色

광명주　혹의일체불음성주　혹의여환업생
光明住며 或依一切佛音聲住며 或依如幻業生

대력아수라형금강수주　혹의일체세주신주
大力阿修羅形金剛手住며 或依一切世主身住며

혹의일체보살신주　혹의보현보살원소생일
或依一切菩薩身住며 或依普賢菩薩願所生一

체차별장엄해주　제불자　세계해　유여시등
切差別莊嚴海住라 諸佛子야 世界海에 有如是等

세 계 해 미 진 수 소 의 주
世界海微塵數所依住니라

그때에 보현보살이 다시 대중들에게 말씀하였습니다.

"모든 불자들이여, 낱낱 세계바다에 세계바다 미진수의 의지하여 머무는 것[依住]이 있으니, 이른바 혹은 일체 장엄을 의지하여 머물며, 혹은 허공을 의지하여 머물며, 혹은 일체 보석 광명을 의지하여 머물며, 혹은 일체 부처님 광명을 의지하여 머물며, 혹은 일체 보석 빛깔 광명을 의지하여 머물며, 혹은 모든 부처님 음성을 의지하여 머물며, 혹은 환술幻術 같은 업으로 생긴 대력大力 아수라의 형상인 금강수金剛手를 의지하여 머물며, 혹은 일체 세간 주인들의 몸을 의지하여 머물며, 혹은 일체 보살의 몸을 의지하여 머물며, 혹은 보현보살의 서원으로 생긴 일체 차별 장엄바다를 의지해서 머무느니라.

모든 불자들이여, 세계바다에 이와 같은 세계바다 미진수의 의지해서 머무는 것이 있느니라."

의지하여 머무는 것[依住]은 사람이나 다른 중생들이 자신의 취향대로 만들어서 그곳에 머물고 사는 환경이다. 사람들만 보더라도 집집마다 각자의 취향을 따라 집을 꾸미고 산다. 크게 살펴보면 경전에서 말씀하신 내용들이 모두 가능한 경우다. 장식하고 꾸미기를 좋아하는 중생은 장엄을 의지하여 머문다. 걸림이 없음을 좋아하는 중생은 허공을 의지하여 머문다. 주변 바탕의 광명을 좋아하는 중생은 보석 광명을 의지하여 머문다. 고통을 두려워하는 중생은 부처님의 광명을 의지하여 머문다. 성스러운 가르침을 받드는 이는 부처님의 음성을 의지하여 머문다. 널리 편안한 중생들은 보현보살의 서원으로 생긴 일체 차별 장엄바다를 의지해서 머문다. 이와 같이 각각의 취향에 따라 환경이 다르게 된다.

(2) 게송으로 거듭 펴다

이시   보현보살   욕중선기의   승불위력
爾時에 普賢菩薩이 欲重宣其義하사 承佛威力

   관찰시방   이설송언
하사 觀察十方하고 而說頌言하사대

그때에 보현보살이 그 뜻을 거듭 펴려고 부처님의 위신력을 받들어 시방을 관찰하고 게송으로 설하였습니다.

보 변 시 방 허 공 계
普徧十方虛空界하야

소 유 일 체 제 국 토
所有一切諸國土가

여 래 신 력 지 소 가
如來神力之所加로

처 처 현 전 개 가 견
處處現前皆可見이로다

시방 허공계에 두루 한
일체 모든 국토를
여래의 위신력으로 가피하여
곳곳에서 앞에 나타난 듯이 다 보도다.

세계가 의지하여 머무는 것[依住]의 여러 가지 종류를 게송으로 거듭 밝히는 내용인데 이 모두가 한 마음의 작용, 즉 일체유심조一切唯心造의 이치에서 벗어나지 않는다. 사람 여래의 마음 위신력이란 참으로 불가사의하다. 순간순간 한 생각 한 생각에 시방 일체 국토를 눈앞에서 보듯이 환하게 다 본다. 이것이 부처님의 위신력이며, 보살의 위신력이며, 사람 마음의 위신력이다.

혹 유 종 종 제 국 토
或有種種諸國土가

무 비 이 구 보 소 성
無非離垢寶所成이라

청 정 마 니 최 수 묘
清淨摩尼最殊妙하야

치 연 보 현 광 명 해
熾然普現光明海로다

혹 어떤 가지가지 여러 국토는

모두 다 깨끗한 보석으로 이루어졌고

청정한 마니보석이 가장 미묘하여

왕성하게 광명바다를 널리 나타내도다.

　세계가 의지하여 머무는 것[依住]은 오직 각자의 마음으로 이뤄진 것이기 때문에 무한히 많다. 사람의 마음의 종류만큼이나 많다. 마치 집집마다 주거 환경이 각각 다른 것과 같다. 이곳은 깨끗한 보석으로 이뤄졌는데 그중에 마니보석이 가장 미묘하다.

혹 유 청 정 광 명 찰　　　　　의 지 허 공 계 이 주
或有淸淨光明刹이　　　**依止虛空界而住**하며

혹 재 마 니 보 해 중　　　　　부 유 안 주 광 명 장
或在摩尼寶海中하야　　**復有安住光明藏**이로다

혹 어떤 청정한 광명세계는

허공계에 의지하여 머물며

혹은 마니보석바다 가운데서

다시 광명 창고에 안주해 있도다.

　허공계에 의지해 머문다는 것은 모든 위성의 존재는 근본
이 텅 비어 공하다는 의미이다. 우리가 살고 있는 지구를 위
시하여 모든 위성들은 일체가 허공에 떠 있다. 허공에 떠서
주기적으로 일정하게 자전과 공전을 하면서 존재한다. 실로
허공을 의지해서 머문다는 것은 적절한 표현이다.

여 래 처 차 중 회 해　　　　　연 설 법 륜 개 교 묘
如來處此衆會海하사　　**演說法輪皆巧妙**하시니

제 불 경 계 광 무 변　　　　　중 생 견 자 심 환 희
諸佛境界廣無邊이라　　**衆生見者心歡喜**로다

여래가 이 대중바다에 계시사

법륜을 연설함이 다 절묘하시니

모든 부처님의 경계가 끝없이 넓어

중생들이 보는 이마다 마음에 기뻐하도다.

여래께서 성도하시고 아야교진여, 아설시, 마하남, 바제, 바부 등 다섯 비구에게 처음으로 법을 연설하신 때부터 마지막으로 열반에 드실 때까지 수많은 법륜을 굴리시었으나 낱낱마다 절묘하고 미묘하고 신묘하지 않은 것이 없다. 모두에게 근기와 수준을 맞추고 미혹을 열어 인생의 밝은 눈을 뜨게 하셨다. 그래서 보는 이마다 다 기뻐하였다.

유 이 마 니 작 엄 식
有以摩尼作嚴飾하니

상 여 화 등 광 분 포
狀如華燈廣分布라

향 염 광 운 색 치 연
香焰光雲色熾然이어든

부 이 묘 보 광 명 망
覆以妙寶光明網이로다

어떤 것은 마니보석으로써 장엄하였고

혹은 형상이 꽃등불같이 널리 펴 있고

혹은 향기불꽃광명구름빛이 치연熾然하며

혹은 아름다운 보석광명그물로 덮여 있도다.

세계가 의지하여 머무는 모습을 열거하는 내용이다. 마니보석 장엄과 꽃등불과 향기불꽃광명구름과 또 아름다운 보석광명그물 등 아름답기 그지없는 모습을 열거하고 있다. 화엄경의 안목으로 본 세계의 특징들이다.

혹 유 찰 토 무 변 제　　　　안 주 연 화 심 대 해
或有刹土無邊際하야　　　**安住蓮華深大海**라

광 박 청 정 여 세 수　　　　제 불 묘 선 장 엄 고
廣博淸淨與世殊하니　　　**諸佛妙善莊嚴故**로다

혹 어떤 세계는 끝이 없으며

연꽃이 만발한 깊고 큰 바다에 안주하였고

혹은 넓고 청정한 것이 아주 뛰어났으니

모든 부처님의 훌륭하신 장엄의 덕일세.

마음 부처님의 훌륭한 장엄의 덕은 세계가 끝이 없으며

연꽃이 만발하고 넓고 청정한 것이 매우 뛰어나다. 의지해서 머무는 세계는 오직 스스로 닦은 마음의 크기를 따르고 아름다움을 따르고 청정함을 따를 뿐이다.

혹 유 찰 해 수 윤 전
或有刹海隨輪轉이라가

이 불 위 신 득 안 주
以佛威神得安住하니

제 보 살 중 변 재 중
諸菩薩衆偏在中하야

상 견 무 앙 광 대 보
常見無央廣大寶로다

혹 어떤 세계바다는 윤전輪轉을 따르다가
부처님의 위신력으로 안주하게 되니
모든 보살 대중이 그 가운데 가득하여
한량없고 광대한 보배를 항상 보도다.

우리가 사는 이 지구만 보더라도 해가 뜨고 지는 것이 아니라 지구 자체가 스스로 자전을 하고 해를 따라 공전도 한다. 끊임없이 그렇게 움직이며 돌고 돌지만 사람의 입장에서 보면 항상 편안히 안주하고 있다. 이것은 사람이 그 상황에 적응하는 능력이 있기 때문이다. 그 또한 위신력이라고 할

수 있다. 그리고 유심히 살펴보면 모두가 보살들이요, 한량
없고 광대한 보배들이다.

혹 유 주 어 금 강 수
或有住於金剛手하며

혹 부 유 주 천 주 신
或復有住天主身하니

비 로 자 나 무 상 존
毘盧遮那無上尊이

상 어 차 처 전 법 륜
常於此處轉法輪이로다

혹 어떤 것은 금강수金剛手에 머물며

혹 또 어떤 것은 천주신天主身에 머무니

비로자나 부처님 무상존無上尊께서

항상 이곳에서 법륜을 굴리시네.

금강수나 천주신이 구체적으로 어떤 모습이며 어떤 곳인
지 모르지만 업력業力을 따라서, 또는 심행心行을 따라서 별
의별 모습으로 의지해서 머무는 것이 있으리라. 어떤 곳이든
지 비로자나 부처님께서는 항상 법륜을 굴리신다. 존재의 원
리는 늘 항상하고 진리는 변함이 없다.

혹 의 보 수 평 균 주
或依寶樹平均住하고

향 염 운 중 역 부 연
香焰雲中亦復然하며

혹 유 의 제 대 수 중
或有依諸大水中하고

유 주 견 고 금 강 해
有住堅固金剛海로다

혹은 보배나무를 의지해서 평탄하게 머물고

혹은 향기불꽃구름 속에서 머물며

혹 어떤 세계는 큰 물을 의지하고

어떤 세계는 견고한 금강바다에 머물도다.

나무를 의지해서 자신이 머무는 세계로 삼고 살아가는 생명들도 무수히 많다. 사람이 보기에는 참으로 위험하게 보이지만 설사 거꾸로 매달렸어도 그는 매우 평탄하고 편안하게 느낀다. 조과도림(鳥窠道林, 741~824)선사와 백거이(白居易, 772~846)의 대화[4]는 많은 것을 생각하게 한다. 혹은 향기불꽃 속에 머문다는 것은 어떤 생명체는 불꽃 속에도 있고 얼음 속에도 있다고 한다. 하물며 물속에 사는 생명들이야 얼마나 자유롭고 편안하겠는가. 또 견고한 다이아몬드를 의지해서 머무는 생명체도 있다고 한다.

혹 유 의 지 금 강 당　　　　혹 유 주 어 화 해 중
或有依止金剛幢하며　　**或有住於華海中**하니

광 대 신 변 무 부 주　　　　비 로 자 나 차 능 현
廣大神變無不周라　　**毘盧遮那此能現**이로다

혹 어떤 것은 금강깃대를 의지하며

혹 어떤 것은 꽃바다 위에 머무니

광대한 신통변화가 다 두루 하여

비로자나 부처님이 이것을 나타내었도다.

　온갖 생명이 어떤 환경에 머물더라도 그 머무는 환경을
좋다거나 나쁘다거나 차별하여 평가할 것은 아니다. 거미
는 거미줄에 머무는 것이 마땅하고 개미는 개미집에 머무는
것이 마땅하듯이 각자의 생명마다 알맞은 환경과 조건이 있

---

4) 조과도림선사는 전당고산錢塘孤山의 영복사永福寺 가는 도중에 서호의 진망산
　에 나뭇가지가 무성하여 마치 큰 일산과 같은 장송을 보고는 그 뒤 그 나무
　위에 새집과 같이 만들어 놓고 올라가서 정진하였다. 그래서 호를 조과鳥窠 또
　는 작소鵲巢라 하였다. 원화元和 연간에 백거이가 그 고을의 태수로 부임하여
　선사를 찾아와서 나눈 대화는 매우 유명하다. 나무 위에 올라가 있는 선사를
　보고, "계신 곳이 심히 위험합니다."라고 하니 선사가 말하기를, "태수가 위험
　한 것이 더욱 심하오." 하였다. "선사는 나무 위에 있고 저는 땅에 안전하게 있
　거늘 어찌하여 더 위험합니까?" 하니 "왜냐하면 번뇌의 불이 서로 교차하고 식
　성識性이 멈추지 않으니 위험할 수밖에 없지 않소."라고 하였다.

대방광불화엄경 강설

다. 이 모두가 그 생명들 나름대로 광대한 신통변화가 두루
한 진리의 표현들이기 때문이다.

혹 수 혹 단 무 량 종　　　　기 상 선 환 역 비 일
或修或短無量種이요　　**其相旋環亦非**一이라

묘 장 엄 장 여 세 수　　　　청 정 수 치 내 능 견
妙莊嚴藏與世殊하니　　**淸淨修治乃能見**이로다

혹은 길고 혹은 짧고 그 종류 한량없으며
그 형상이 둥글게 돌듯 한 것이 한 가지가 아니라
미묘한 장엄 창고 세간과 다르니
청정하게 닦아야 이에 능히 보도다.

세계가 의지해서 머무는 모습들이 생명들의 행업行業을 따
라서 여러 가지다. 긴 것도 있고 짧은 것도 있고 또 둥글게
빙빙 돌아가면서 생긴 것도 있다. 한두 가지가 아니다. 그
또한 뛰어난 청정한 안목을 가져야 제대로 볼 수 있다.

여 시 종 종 각 차 별
如是種種各差別이여

일 체 개 의 원 해 주
一切皆依願海住라

혹 유 국 토 상 재 공
或有國土常在空이든

제 불 여 운 실 충 변
諸佛如雲悉充徧이로다

이와 같이 가지가지로 차별함이여

모두가 다 서원바다에 의지해 머무는지라.

혹 어떤 국토는 항상 허공에 있으니

모든 부처님이 구름처럼 다 충만하도다.

온갖 생명이 설사 외형적으로 같은 환경과 같은 장소에 머문다 하더라도 각자가 느끼는 것은 모두 다르다. 그래서 가지가지가 차별하다. 그 차별한 이유는 모두가 뜻이 다르고 원하는 바가 다르기 때문이다. 국토가 항상 허공에 있다는 것은 어떤 국토에 있든지 국토 존재의 공성을 깨달은 차원을 뜻한다. 그러므로 공성을 깨달은 생명들, 즉 부처님이 구름처럼 충만하다고 한 것이다.

혹유 재공 현 부주　　　혹 시 이 유 혹 무 유
或有在空懸覆住하야　**或時而有或無有**하며

혹유 국토 극 청 정　　　주 어 보 살 보 관 중
或有國土極清淨하야　**住於菩薩寶冠中**이로다

혹 어떤 것은 허공에 매달려 덮어서 머물고

혹 어떤 때는 있고 어떤 때는 없으며

혹 어떤 국토는 지극히 청정해서

보살의 보배관冠 속에 머물도다.

　중국에는 '하늘에 매달린 절'이라는 현공사懸空寺가 있는
데 넓은 땅도 많은데 굳이 높디높은 절벽에 매달아서 지은
사찰이다. 아마 화엄경의 이 구절을 생각하여 지은 것인지
도 모른다. 물론 자연계에는 벌집과 같이 매달린 집들도 많
으며, 인공위성이나 외계에서 온 비행접시와 같은 종류들도
매우 흔하다. "어떤 때는 있고 어떤 때는 없다."라고 한 것
도 외계에서 온 비행접시를 상상하게 한다. '하늘에 매달린
절'이라는 현공사懸空寺는 그 뜻으로 보면 일체 존재가 모두
그 근본이 공한 공성에 매달려 있다는 의미를 깨닫게 한다.

시 방 제 불 대 신 통
十方諸佛大神通이여 일 체 개 어 차 중 견
一切皆於此中見이라

제 불 음 성 함 변 만
諸佛音聲咸徧滿하시니 사 유 업 력 지 소 화
斯由業力之所化로다

시방 모든 부처님의 큰 신통이여

일체를 다 이 속에서 봄이라

모든 부처님의 음성 다 두루 가득하니

이는 업력業力으로 인하여 변화한 바로다.

업력業力이라고 하면 흔히 중생들의 악업만을 떠올리는데 불업佛業도 있고 보살업菩薩業도 있다. 선과 악에 관계없이 모든 생명들이 하는 일을 모두 업이라 한다. 부처가 아니면 어찌 부처님의 신통을 알 것이며, 부처님의 음성이 가득함을 알 것인가.

혹 유 국 토 주 법 계
或有國土周法界하니 청 정 이 구 종 심 기
清淨離垢從心起라

여 영 여 환 광 무 변　　　여 인 다 망 각 차 별
如影如幻廣無邊이며　　　如因陀網各差別이로다

혹 어떤 국토는 법계에 두루 하며

청정해서 때를 여읜 것이 다 마음에서 일어났네.

그림자 같고 환술 같아 끝없이 넓으며

인드라 그물처럼 각각 차별하도다.

국토가 법계에 두루 하다는 것은 온 법계가 그대로 국토라는 뜻이다. 법계에 두루 하며 또한 청정한 것은 모두가 마음으로부터 일어난다. 실체가 없는 마음으로부터 일어난 것이기에 그림자 같고 환술과 같아서 끝이 없다. 실은 우리가 수용하고 알고 느끼고 살아가는 모든 세계가 이와 같다.

혹 현 종 종 장 엄 장　　　의 지 허 공 이 건 립
或現種種莊嚴藏하야　　　依止虛空而建立하니

제 업 경 계 부 사 의　　　불 력 현 시 개 령 견
諸業境界不思議여　　　佛力顯示皆令見이로다

혹은 갖가지 장엄 창고를 나타내서

허공에 의지하여 건립했으니
모든 업의 경계가 부사의함이여
부처님의 힘으로 나타내어 다 보게 하네.

개인의 집이나 방도 그 사람의 능력과 취향에 따라 가지가지로 꾸미고 장엄한다. 혹은 나무로, 혹은 돌로, 혹은 금이나 은으로, 혹은 그림이나 조각품으로 장엄한다. 하나하나 살펴보면 사람의 업이라는 것이 참으로 불가사의하다. 그러나 그것은 모두 허공에 의지하여 건립된 것이므로 공으로 돌아간다. 그것을 마음 부처의 힘으로 나타내 보여 모두가 본다.

일 일 국 토 미 진 내　　　염 념 시 현 제 불 찰
一一國土微塵內에　　念念示現諸佛刹호대

수 개 무 량 등 중 생　　　보 현 소 작 항 여 시
數皆無量等衆生하니　　普賢所作恒如是로다

낱낱 국토의 작은 먼지 속에서
생각 생각에 모든 부처님 세계를 나타내 보이되

그 수가 모두 한량없어 중생과 같으니
보현보살이 짓는 것이 늘 이와 같도다.

보현보살의 행원은 미세하고도 광대하다. 또 시간적으로도 순간순간을 놓치지 않고 부처님 세계를 나타내 보인다. 가관적假觀的 안목으로 부처님 세계를 나타내 보이든, 공관적空觀的 안목으로 부처님 세계를 나타내 보이든, 중도관적中道觀的 안목으로 부처님 세계를 나타내 보이든, 그 모두는 보현보살의 행원에 의한 것이다. 순간순간 낱낱 국토 작은 먼지 속까지 부처님 세계를 나타내 보인다.

위 욕 성 숙 중 생 고
爲欲成熟衆生故로
시 중 수 행 경 겁 해
是中修行經劫海하니

광 대 신 변 미 불 흥
廣大神變靡不興하야
법 계 지 중 실 주 변
法界之中悉周徧이로다

중생들을 성숙시키기 위한 까닭에
이 가운데서 수행하여 겁의 바다를 지나니
광대한 신통변화 모두 다 일으켜서

법계 가운데 다 두루 하였도다.

　부처님의 가르침이든 보현보살의 행원이든 모두가 목적
하는 바는 중생성숙衆生成熟에 있다. 중생을 성숙시킨다는 말
은 얼마나 따뜻한가. 부처님의 오랜 수행도 그리고 불교도
들의 일체 수행도 중생들을 성숙시켜서 모두가 정직하고 선
량하고 지혜롭고 자비롭게 살게 하고자 한 것이다. 이것이
광대한 신통변화다.

　　　법 계 국 토 일 일 진　　　제 대 찰 해 주 기 중
　　　法界國土一一塵에　　　諸大刹海住其中이어든

　　　불 운 평 등 실 미 부　　　어 일 체 처 함 충 만
　　　佛雲平等悉彌覆하시니　　於一切處咸充滿이로다

　법계에 있는 국토의 낱낱 먼지에
　모든 큰 세계바다가 그 속에 머무는데
　부처님의 구름 평등하여 다 덮으시니
　모든 곳에 다 충만하였네.

법계에는 국토가 있고 국토마다 낱낱 먼지가 있다. 또 그 먼지마다 큰 세계가 그 속에 있다. 먼지 속에 있는 큰 세계에는 부처님이 구름이 펼쳐지듯 평등하게 다 덮고 있다. 이와 같은 것이 크든 작든 모든 존재가 공존하는 이치다. 일미진중함시방一微塵中含十方이라는 화엄의 이치는 오늘날 전자 기술이 발달하면서 매우 명확하게 증명해 보인다. 손톱만 한 작은 칩 하나 속에 온 세상이 다 들어 있다. 스마트폰으로 전 세계와 연결되지 않는 곳이 없다. 화엄경에서 펼쳐 보인 이치는 과학 문명이 발달할수록 저절로 수긍이 간다.

여 일 진 중 자 재 용
如一塵中自在用하야

일 체 진 내 역 부 연
一切塵內亦復然하니

제 불 보 살 대 신 통
諸佛菩薩大神通을

비 로 자 나 실 능 현
毘盧遮那悉能現이로다

한 먼지 속의 자재한 작용처럼
일체 먼지 속에도 역시 그러하니
모든 부처님과 보살들의 큰 신통을
비로자나 부처님이 다 나타내도다.

화엄경에서 말하는 사사무애의 도리는 어느 특정한 한 가지 일에나 한 가지 사물에만 적용되는 것이 아니다. 하나의 먼지 속에서 자재한 작용처럼 일체 먼지 속에서도 역시 그와 같이 사사가 무애하다. 모든 존재의 사사무애 도리를 부처님과 보살들의 큰 신통이라 하며, 비로자나 부처님이 나타내 보이는 일이라 한다.

일체 광대 제 찰 토
一切廣大諸刹土가

여 영 여 환 역 여 염
如影如幻亦如焰하니

시 방 불 견 소 종 생
十方不見所從生이며

역 부 무 래 무 거 처
亦復無來無去處로다

일체 광대한 모든 세계가
그림자 같고 환영 같고 불꽃 같으니
시방에서 찾아도 생긴 곳을 볼 수 없으며
또한 온 곳도 없고 간 곳도 없네.

안이비설신의眼耳鼻舌身意도 없고, 색성향미촉법色聲香味觸法도 없고, 색수상행식色受想行識도 없다고 하였다. 그렇다면 이렇게 있는 것은 무엇인가. 모두가 합성품이다. 그림자다. 환영이다. 분석하고 분석하고 아무리 분석해 보아도 시방세계 그 어디에도 생겨난 곳이 없다. 독립적으로 존재하는 것은 아무것도 없다. 내가 그렇고, 남이 그렇고, 산하대지와 삼라만상과 우주만유가 다 그렇다. 이것은 인류 역사상 가장 큰 발견이다.

멸 괴 생 성 호 순 복
滅壞生成互循復하야

어 허 공 중 무 잠 이
於虛空中無暫已하나니

막 불 개 유 청 정 원
莫不皆由淸淨願과

광 대 업 력 지 소 지
廣大業力之所持로다

괴멸과 생성이 서로 순환하고 반복하여
허공 가운데서 잠깐도 쉬지 않나니
모두 다 청정한 서원과
광대한 업력으로 유지되도다.

일체 존재는 왕복이 끝이 없다. 계절에는 춘하추동이 끊임없이 순환하며, 생명체에는 생로병사가 무한히 반복하며,

129
四. 세계성취품 世界成就品

모든 물질에는 생주이멸이 쉬지 않고 돌아가며, 지구와 모든 위성들에는 성주괴공이 한순간도 멈추지 않는다. 이와 같은 이치는 일체 존재의 타고난 서원이며, 일체 존재가 본래부터 갖추고 있는 광대하고 청정한 법력의 작용이다.

4) 세계의 형상

(1) 세계의 열 가지 형상

이 시 보 현 보 살 부 고 대 중 언 제 불 자
爾時에 **普賢菩薩**이 **復告大衆言**하사대 **諸佛子**야

세 계 해 유 종 종 차 별 형 상 소 위 혹 원 혹 방
世界海에 **有種種差別形相**하니 **所謂或圓或方**이며

혹 비 원 방 무 량 차 별 혹 여 수 선 형 혹 여
或非圓方이라 **無量差別**이며 **或如水漩形**이며 **或如**

산 염 형 혹 여 수 형 혹 여 화 형 혹 여 궁 전
山焰形이며 **或如樹形**이며 **或如華形**이며 **或如宮殿**

형 혹 여 중 생 형 혹 여 불 형 여 시 등 유
形이며 **或如衆生形**이며 **或如佛形**이라 **如是等**이 **有**

세 계 해 미 진 수
世界海微塵數_{하니라}

그때에 보현보살이 다시 대중들에게 말씀하였습니다.

"모든 불자들이여, 세계바다에 갖가지의 차별한 형상이 있으니 이른바 혹은 원형이며, 혹은 모가 났으며, 혹은 둥글지도 모나지도 아니하여 한량없이 차별하며, 혹은 물의 소용돌이 모양 같으며, 혹은 산의 불꽃 모양 같으며, 혹은 나무 모양 같으며, 혹은 꽃 모양 같으며, 혹은 궁전 모양 같으며, 혹은 중생의 모양 같으며, 혹은 부처님의 모양 같아서 이와 같은 것이 세계바다 미진수가 있느니라."

보현보살이 세계바다의 가지가지 차별한 형상들을 설명하였다. 우리가 사는 지구도 멀리서 보면 둥글게 보이지만 가까이에서 보면 별별의 형상을 하고 있다. 둥글고, 모나고, 물의 소용돌이 같고, 산꼭대기처럼 뾰족하기도 하고, 궁전의 형상, 중생의 형상, 부처의 형상, 나무 형상, 꽃 형상 등 경전의 말과 같이 여러 가지 형상이다. 모두가 생각이 다르고 업력이 다르기 때문에 이와 같이 가지가지 형상이다. 어찌 열 가지뿐이겠는가. 세계바다 미진수다. 누구를 탓하고 누구를 원망하겠는가.

(2) 게송으로 거듭 펴다

이 시 보현보살 욕중선기의 승불위력
爾時에 **普賢菩薩**이 **欲重宣其義**하사 **承佛威力**

관 찰 시 방 이 설 송 언
하사 **觀察十方**하고 **而說頌言**하사대

그때에 보현보살이 그 뜻을 거듭 펴려고 부처님의 위신력을 받들어 시방을 관찰하고 게송으로 설하였습니다.

제 국 토 해 종 종 별 종 종 장 엄 종 종 주
諸國土海種種別하야 **種種莊嚴種種住**호대

수 형 공 미 변 시 방 여 등 함 응 공 관 찰
殊形共美徧十方하니 **汝等咸應共觀察**이어다

모든 국토바다가 가지가지로 차별하여

가지가지로 장엄하고 가지가지로 머물되

훌륭한 모양 모두 아름다워 시방에 두루 하니
그대들은 다 함께 관찰할지어다.

앞의 산문에서 밝힌 것을 게송으로 좀 더 자세하게 반복
하여 설명하였다. 국토바다가 가지가지로 차별하며 가지가
지로 장엄하고 가지가지로 머물러 있는 현재의 이 모습 그대
로가 그지없이 아름답고 훌륭하다. 우리가 사는 그 어떤
국토든 그 어떤 환경이든 그대로 완벽함을 알고 만족을 느
껴야 화장장엄세계다. 현재 이곳을 떠나서 다른 세계 다른
지역에 이상세계가 있고 화장장엄세계가 있는 것이 결코 아
니다.

기 상 혹 원 혹 유 방 　　　혹 부 삼 유 급 팔 우
其狀或圓或有方하며　　或復三維及八隅며

마 니 륜 상 연 화 등 　　　일 체 개 유 업 령 이
摩尼輪狀蓮華等이라　　一切皆由業令異로다

그 모양 둥글고 혹은 모났으며
혹은 다시 세모나고 팔모났으며

마니륜摩尼輪 모양과 연꽃 모양들이라

일체가 다 업을 말미암아 다르게 되었도다.

혹 유 청 정 염 장 엄　　　　진 금 간 착 다 수 호

或有淸淨焰莊嚴호대　　**眞金間錯多殊好**하며

문 달 경 개 무 옹 체　　　　사 유 업 광 의 무 잡

門闥競開無壅滯하니　　**斯由業廣意無雜**이로다

혹 어떤 것은 청정한 불꽃장엄이며

진금眞金으로 사이마다 아름답게 꾸미었고

문들을 활짝 열어 막힘없으니

이것은 업이 넓고 뜻이 잡되지 않기 때문일세.

앞의 게송이나 이 게송이 다 같이 세계의 가지가지 형상이 다른 것은 모두가 업을 말미암아서 그렇다는 말씀을 하였다. 참으로 업력난사의業力難思다. 모든 사람 모든 생명들이 업을 어떻게 지었느냐에 따라서 그들이 살고 있는 세계의 형상이 이와 같이 각각 차별하여 다르다. 심지어 문들을 활짝 열어 막힘이 없는 것도 다 업을 말미암은 것이라고 한

다. 같은 사찰에 1백여 명의 수행자가 모여 살면서 각자가 살아가는 모습과 자신이 사는 방을 관리하는 모습과 옷을 입는 모습 등등을 살펴보면 참으로 업력의 힘이 크다는 것을 여실히 알 수 있다.

찰 해 무 변 차 별 장　　비 여 운 포 재 허 공
刹海無邊差別藏이　　**譬如雲布在虛空**하야

보 륜 포 지 묘 장 엄　　제 불 광 명 조 요 중
寶輪布地妙莊嚴이어든　　**諸佛光明照耀中**이로다

세계바다가 끝없이 차별하여 감춰져 있는 것이
마치 구름이 허공에 펼쳐진 것과 같아서
보배바퀴 땅에 펴진 아름다운 장엄에
모든 부처님의 광명이 그 속을 밝게 비추도다.

화엄경에는 세계바다[刹海], 또는 화장華藏찰해라는 말이 많이 나온다. 마치 오늘날 지름이 10미터가 되는 천체망원경으로 드넓은 밤하늘을 자세히 관찰하고 설명하는 것과 같다. 진실로 그 넓고 넓은 하늘에 무수한 별들이 빈틈없이

꽉 차 있는 것은 그대로가 세계바다다. 수억만 송이의 아름다운 꽃을, 또는 수억만 개의 영롱한 보석을 뿌려서 화려하게 장엄한 모습 그대로다. 참으로 화장찰해다.

일 체 국 토 심 분 별　　　종 종 광 명 이 조 현
一切國土心分別을　　**種種光明而照現**이어든

불 어 여 시 찰 해 중　　　각 각 시 현 신 통 력
佛於如是刹海中에　　**各各示現神通力**이로다

일체 국토를 마음으로 분별하고
가지가지 광명으로 비추어 나타내는데
부처님이 이와 같은 세계바다 가운데에
각각 신통력을 나타내 보이시네.

일체 국토를 마음으로 분별한다는 심분별心分別이란 곧 유심소조唯心所造와 같은 말이다. 불교에서 가장 많이 거론하는 가르침이 화엄경의 사구게인 '약인욕요지 삼세일체불 응관법계성 일체유심조若人慾了知 三世一切佛 應觀法界性 一切唯心造'라는 구절이다. 유심 사상은 화엄경에서 행원 사상 다음으로 중요하게 거론된다. 가지가지 광명으로 비추는 바나 부처님이 세계바다에서 신통력을 나타내 보이는 일들은 깊이 살펴보면 모두가 유심의 이치에서 벗어나지 않는다.

혹 유 잡 염 혹 청 정
或有雜染或淸淨하야

수 고 수 락 각 차 별
受苦受樂各差別이어

사 유 업 해 부 사 의
斯由業海不思議니

제 유 전 법 항 여 시
諸流轉法恒如是로다

혹은 잡되고 더러우며 혹은 청정해서
고와 낙을 받음이 각각 차별함이여
이는 업의 바다가 부사의하기 때문이니
모든 유전流轉하는 법이 항상 이와 같도다.

"혹은 잡되고 더러우며 혹은 청정해서 고와 낙을 받음이 각각 차별한 것"은 일체가 생명 생명마다 업이 다르고 차별하기 때문이다. 그러므로 우리가 사는 국가나 환경이나 주변의 인연들을 탓할 것이 아니라 자신이 지은 업을 살펴봐야 한다.

일 모 공 내 난 사 찰　　　등 미 진 수 종 종 주
一毛孔內難思刹이　　　等微塵數種種住어든

일 일 개 유 변 조 존　　　재 중 회 중 선 묘 법
一一皆有徧照尊이　　　在衆會中宣妙法이로다

한 모공毛孔 안에 생각할 수 없는 세계가

작은 먼지 수와 같이 갖가지로 머무는데

낱낱 먼지마다 모두 변조존徧照尊이 계시어

회중會衆 가운데서 미묘한 법을 베풀도다.

어 일 진 중 대 소 찰　　　종 종 차 별 여 진 수
於一塵中大小刹이　　　種種差別如塵數하야

평 탄 고 하 각 부 동　　　불 실 왕 예 전 법 륜
平坦高下各不同이어든　　　佛悉往詣轉法輪이로다

한 먼지 속에 크고 작은 세계가

갖가지로 차별함이 먼지 수와 같고

평탄하고 높고 낮음이 각각 다른데

부처님이 다 가서 법륜을 굴리시네.

화엄경의 또 중요한 가르침 중 하나는 모든 존재가 원융하고 무애하여 서로서로 원섭圓攝하는 이치를 밝힌 내용이다. 법성게에서는 '일미진중함시방 일체진중역어시一微塵中含十方 一切塵中亦如是'라고 표현하였다. '한 모공 속에 무수한 세계가 작은 먼지 수와 같이 많이 머물며 낱낱 먼지마다 부처님이 머문다.'라는 말이 그것이다. 부처님을 변조존徧照尊이라고 표현한 것은 아무리 작은 존재라 하더라도 낱낱이 존재 원리를 지니고 있음을 살펴서 안다는 뜻이리라. 태양의 몇 만 배나 되는 큰 위성의 존재 원리나 현미경으로도 잘 보이지 않는 미세한 세포의 존재 원리나 그 원리는 한결같다. 부처님이 미묘한 법을 베풀고 법륜을 굴린다는 것은 낱낱이 존재 원리를 지니고 있음과 동시에 나타내 보이고 있다는 뜻이다.

일 체 진 중 소 현 찰
一切塵中所現刹이

개 시 본 원 신 통 력
皆是本願神通力이라

수 기 심 락 종 종 수
隨其心樂種種殊하야

어 허 공 중 실 능 작
於虛空中悉能作이로다

모든 먼지 속에 나타난 세계가

다 그대로 본래의 서원과 신통력이라

그 마음에 즐김을 따라 가지가지 다르며

허공 가운데서 다 능히 만들어졌네.

　사람의 눈에 보이지도 않는 작은 먼지 속에 또한 온갖 세계가 펼쳐져 있다. 그 사실이 곧 부처님이 본래 세운 서원과 신통력이다. 업을 따르고 마음에 즐거움을 따라 가지가지로 다르게 나타나 있다. "허공 가운데서 만들어졌다."는 것은 모든 세계의 본성은 공성이라는 뜻이다.

일 체 국 토 소 유 진　　일 일 진 중 불 개 입
一切國土所有塵이여　　一一塵中佛皆入하사

보 위 중 생 기 신 변　　비 로 자 나 법 여 시
普爲衆生起神變하시니　毘盧遮那法如是로다

일체 국토에 있는 먼지들이여

낱낱 먼지 속에 부처님이 다 들어 계시어

널리 중생을 위해 신통변화 일으키니

비로자나 부처님의 법이 이와 같도다.

먼지 하나하나마다 그대로가 부처님이다. 먼지 부처님
이 그 자체로서 널리 중생들을 위해서 신통변화를 일으키는
데 청정법신 비로자나 부처님의 법이 이와 같다 하였다. 본
래로 존재하는 진리성을 말한 것이다. 국토바다가 가지가
지로 차별하며 가지가지로 장엄하고 가지가지로 머물러 있
는 현재의 이 모습 그대로가 그지없이 아름답고 훌륭함을
게송으로 거듭 밝혔다.

5) 세계의 체성體性

(1) 20종 체성

이 시　　보 현 보 살　　부 고 대 중 언　　　제 불 자
爾時에 普賢菩薩이 復告大衆言하사대 諸佛子야

응 지 세 계 해　유 종 종 체　　소 위 혹 이 일 체 보 장
應知世界海에 有種種體니 所謂或以一切寶莊

엄 위 체　　혹 이 일 보 종 종 장 엄 위 체　　혹 이 일 체
嚴爲體며 或以一寶種種莊嚴爲體며 或以一切

보 광 명 위 체　　　혹 이 종 종 색 광 명 위 체　　혹 이 일
寶光明爲體며 或以種種色光明爲體며 或以一

체 장 엄 광 명 위 체　　　혹 이 불 가 괴 금 강 위 체　　　혹
切莊嚴光明爲體며 或以不可壞金剛爲體며 或

이 불 력 지 위 체　　혹 이 묘 보 상 위 체
以佛力持爲體며 或以妙寶相爲體며

　그때에 보현보살이 다시 대중들에게 말하였습니다.

　"모든 불자들이여, 응당히 알아라. 세계바다에는 가
지가지의 체성이 있느니라. 이른바 혹은 일체 보배장엄
으로써 체성이 되었으며, 혹은 한 가지 보배로 가지가지
로 장엄함으로써 체성이 되었으며, 혹은 일체 보배광명
으로써 체성이 되었으며, 혹은 가지가지 색의 광명으로
써 체성이 되었으며, 혹은 일체 장엄의 광명으로써 체성
이 되었으며, 혹은 깨뜨릴 수 없는 금강으로써 체성이
되었으며, 혹은 부처님 힘의 가지加持로써 체성이 되었으
며, 혹은 묘한 보배 모양으로써 체성이 되었느니라."

　혹 이 불 변 화 위 체　　　혹 이 일 마 니 륜 위 체　　혹
或以佛變化爲體며 或以日摩尼輪爲體며 或

이 극 미 세 보 위 체   혹 이 일 체 보 염 위 체   혹 이
以極微細寶爲體며 或以一切寶焰爲體며 或以

종 종 향 위 체   혹 이 일 체 보 화 관 위 체   혹 이 일
種種香爲體며 或以一切寶華冠爲體며 或以一

체 보 영 상 위 체   혹 이 일 체 장 엄 소 시 현 위 체
切寶影像爲體며 或以一切莊嚴所示現爲體며

혹 이 일 념 심 보 시 현 경 계 위 체   혹 이 보 살 형 보
或以一念心普示現境界爲體며 或以菩薩形寶

위 체   혹 이 보 화 예 위 체   혹 이 불 언 음 위 체
爲體며 或以寶華藥爲體며 或以佛言音爲體니라

"혹은 부처님의 변화로써 체성이 되었으며, 혹은 햇
빛마니바퀴로써 체성이 되었으며, 혹은 지극히 미세한
보배로써 체성이 되었으며, 혹은 일체 보배불꽃으로써
체성이 되었으며, 혹은 가지가지 향으로써 체성이 되었
으며, 혹은 온갖 보배화관華冠으로써 체성이 되었으며,
혹은 일체 보배의 그림자로써 체성이 되었으며, 혹은
일체 장엄을 나타내 보이는 것으로써 체성이 되었으며,
혹은 한 생각에 널리 나타내 보이는 경계로써 체성을
삼았으며, 혹은 보살 형상의 보배로써 체성이 되었으
며, 혹은 보배꽃술로써 체성이 되었으며, 혹은 부처님

의 음성으로써 체성이 되었느니라."

세계의 체성體性이란 세계를 형성하고 있는 몸의 성질을
뜻한다. 세계를 형성하고 있는 것을 객관적 상식의 입장에서
분류해 보면 여러 가지 광물질을 생각할 수 있다. 그리고 흙
과 물과 불과 바람 등을 생각할 수 있다. 그러나 화엄경의
견해로 세계의 체성을 보면 전혀 그렇지 않고 참으로 상상할
수 없는 소재로써 세계의 체성이 되어 있다. 그것은 객관적
상식에서 본 것이 아니다. 오로지 주관적인 의식의 차원에서
보는 세계다. 즉 수행력과 법력의 안목에 비춰진 세계의 체성
이다. 그러므로 "혹은 보살 형상의 보배로써 체성이 되었으
며, 혹은 보배꽃술로써 체성이 되었으며, 혹은 부처님의 음
성으로써 체성이 되었느니라."라고 하였다.

(2) 게송으로 거듭 펴다

이 시   보 현 보 살   욕 중 선 기 의   승 불 위 력
爾時에 **普賢菩薩**이 **欲重宣其義**하사 **承佛威力**

관 찰 시 방　　이 설 송 언
하사 **觀察十方**하고 **而說頌言**하사대

　그때에 보현보살이 그 뜻을 거듭 펴려고 부처님의 위
신력을 받들어 시방을 관찰하고 게송으로 설하였습니다.

혹 유 제 찰 해　　　　묘 보 소 합 성
或有諸刹海는　　　　**妙寶所合成**이며

견 고 불 가 괴　　　　안 주 보 연 화
堅固不可壞니　　　　**安住寶蓮華**로다

　혹 어떤 여러 세계바다는

　아름다운 보배가 합해서 이루어져

　견고해서 깨뜨릴 수 없으니

　보배연꽃에 안주하였네.

　앞에서도 언급했듯이 화엄경에 소개되는 세계와 그 체성
은 일반적이며 객관적인 관점에서 보고 설명하는 것이 아니
다. 모두가 부처님이나 보살들의 안목과 수행과 법안法眼과
혜안慧眼으로 바라본 체성들이기 때문에 아름다운 보배가

합해서 이루어졌다고 하였다. 이처럼 화엄경은 스스로 화엄의 눈을 가지고 있는 것으로 간주하고 읽어야 한다. 그래야 보배연꽃 위에 안주하고 있음을 알게 된다.

혹 시 정 광 명
或是淨光明은

출 생 불 가 지
出生不可知며

일 체 광 장 엄
一切光莊嚴은

의 지 허 공 주
依止虛空住로다

혹은 청정한 광명은
출생한 데를 알지 못하며
일체 광명 장엄은
허공에 의지해서 머무네.

어디에선가 광명이 밝게 비치는데 그 광명이 어디에서부터 나온 것인지를 알 수 없는 경우도 있다. 그러나 일체 광명 장엄은 모두가 허공을 의지하여 머물고 있다.

혹 정 광 위 체　　　　부 의 광 명 주
或淨光爲體하야　　**復依光明住**호대

광 운 작 엄 식　　　　보 살 공 유 처
光雲作嚴飾하니　　**菩薩共遊處**로다

혹은 청정한 광명이 체성이 되어

다시 광명을 의지해서 머물되

광명구름이 장엄이 되어

보살들이 함께 그곳에 노닐도다.

앞의 게송과 함께 광명이 세계의 체성이 되었음을 노래하
였다. 아무리 아름다운 광명으로 세계의 체성이 되었어도 그
세계에 사는 주인이 없으면 아무런 의미가 없다. 이곳에는
보살들이 함께 노닌다고 하였다.

혹 유 제 찰 해　　　　종 어 원 력 생
或有諸刹海는　　**從於願力生**이라

유 여 영 상 주　　　　취 설 불 가 득
猶如影像住하니　　**取說不可得**이로다

혹 어떤 여러 세계바다는
원력으로부터 생겨남이라
마치 영상처럼 머무니
취하여 설명할 수가 없네.

혹 어떤 세계는 원력으로부터 생기기도 한다. 그 머무는 것이 마치 영상과 같아서 취하여 설명할 수가 없다. 요즘의 영상기술로 보면 필름이나 칩 속에 온갖 세계와 작용들이 다 들어 있는 것과 같다. 아바타나 트랜스포머와 같은 영상에는 상식으로 상상할 수도 없는 세계와 사물과 생명체와 그 작용들이 다 나타난다. 그것이 곧 사람의 기술이며 원력이다.

혹 이 마 니 성
或以摩尼成하야

보 방 일 장 광
普放日藏光하며

주 륜 이 엄 지
珠輪以嚴地하니

보 살 실 충 만
菩薩悉充滿이로다

혹은 마니보석으로 이루어져서

햇빛광명을 두루 놓으며
진주로 된 둘레로 땅을 장엄하였으니
보살들이 다 충만하도다.

아름다운 세계다. 마니보석으로 이루어져서 햇빛광명이
눈부시게 발산하고, 진주로 된 둘레가 땅을 장엄하였으며,
그 안에는 보살들이 충만하다.

유 찰 보 염 성
有刹寶焰成하니

염 운 부 기 상
焰雲覆其上이라

중 보 광 수 묘
衆寶光殊妙하니

개 유 업 소 득
皆由業所得이로다

어떤 세계는 보배불꽃으로 이루어졌고
불꽃구름이 그 위를 덮어
온갖 보배광명이 뛰어나게 아름다우니
다 업을 말미암아 얻는 것일세.

이와 같이 뛰어나게 아름다운 세계도 업을 말미암아 이

루어졌다고 하였다. 반드시 부처의 업이거나 보살의 업으로 이루어졌으리라.

혹 종 묘 상 생 　　　　중 상 장 엄 지
或從妙相生하야　　　**衆相莊嚴地**호대

여 관 공 지 대 　　　　사 유 불 화 기
如冠共持戴하니　　　**斯由佛化起**로다

혹은 아름다운 형상으로 생겨서
그 온갖 형상들이 땅을 장엄하되
마치 관을 함께 쓴 것 같으니
이것은 부처님의 변화로 일어났도다.

아름다운 형상이 땅을 장엄하였는데 그 모양이 마치 보관을 함께 쓴 것과 같다. 이와 같은 것은 부처님의 변화로 말미암아 일어났다고 하였다. 부처님의 업이며 부처님의 작용이다.

혹 종 심 해 생
或從心海生하야

수 심 소 해 주
隨心所解住하니

여 환 무 처 소
如幻無處所라

일 체 시 분 별
一切是分別이로다

혹은 마음바다에서 생겨서

마음의 이해를 따라 머무니

환영과 같아서 처소가 없음이라

일체가 분별이로다.

일체가 오직 마음으로 일어나고 마음으로 소멸한다. 세계도 또한 그와 같아서 마음바다에서 세계가 생기고 마음의 작용을 따라 머문다. 마음은 또한 환영과 같기 때문에 생기는 곳도 작용하는 곳도 일정한 처소가 없다. 오로지 그 순간 분별하는 작용을 따를 뿐이다.

혹 이 불 광 명
或以佛光明과

마 니 광 위 체
摩尼光爲體하니

제 불 어 중 현　　　　　　 각 기 신 통 력
諸佛於中現하사　　　　　 **各起神通力**이로다

혹은 부처님의 광명과

마니보석의 광명으로 체성이 되어

모든 부처님이 그 가운데 나타나서

각각 신통력을 일으키도다.

　세계가 이루어진 체성이 부처님의 광명으로 되기도 하고 마니보석의 광명으로 되기도 하였다. 그리고 무수한 부처님이 그 가운데 나타나서 각각 신통력을 일으킨다. 깨달음의 눈을 뜨고 세상을 바라보면 이 세상은 온통 부처님의 광명으로 찬란하게 빛나고 있다. 마니보석으로 찬란하게 빛나고 있다. 다이아몬드로 찬란하게 빛나고 있다. 화엄경 서두에 "부처님이 처음 정각을 이루시니 그 땅은 견고하여 다이아몬드로 되어 있더라."라고 하였다. 화엄경을 푸는 열쇠는 이와 같이 바로 첫 구절에 있다.

혹 보 현 보 살
或普賢菩薩이

화 현 제 찰 해
化現諸刹海하니

원 력 소 장 엄
願力所莊嚴이라

일 체 개 수 묘
一切皆殊妙로다

혹은 보현보살이

모든 세계바다를 변화하여 나타내니

원력으로 장엄한 바라

일체가 다 뛰어나게 아름답도다.

깨달음의 눈으로 세계가 이뤄진 체성을 바라보면 일체가 부처님의 광명이며, 일체가 다이아몬드며, 일체가 마니보석이다. 깨달음의 눈으로 보는 것과 같이 세계를 왜 그와 같이 청정하고 수승하게 하는가. 끝내는 보현보살의 중생을 위한 원력의 소치이다. 보현보살의 원력으로 마니보석과 다이아몬드와 온갖 보배와 부처님으로까지 그토록 아름답게 장엄하였다. 그러므로 화엄경은 결국 보현보살의 중생을 위한 행원으로 귀결된다.

6) 세계 장엄

(1) 10종 장엄

이시　보현보살　부고대중언　　제불자
爾時에 **普賢菩薩**이 **復告大衆言**하사대 **諸佛子**야

응지세계해　유종종장엄　　소위혹이일체장
應知世界海에 **有種種莊嚴**이니 **所謂或以一切莊**

엄구중　출상묘운장엄　　혹이설일체보살공
嚴具中에 **出上妙雲莊嚴**이며 **或以說一切菩薩功**

덕장엄　　혹이설일체중생업보장엄
德莊嚴이며 **或以說一切衆生業報莊嚴**이며

　그때에 보현보살이 다시 대중들에게 말씀하였습니다.

"모든 불자들이여, 응당히 알아라. 세계바다에 가지가지의 장엄이 있으니, 이른바 혹은 일체 장엄거리 가운데서 가장 아름다운 구름을 내어 장엄하며, 혹은 일체 보살들의 공덕을 말하여 장엄하며, 혹은 일체 중생들의 업보를 말하여 장엄하며,

　세계를 장엄하고, 우리들이 살아가는 환경을 장엄하고, 내 집, 내 방을 장엄하는 것은 무엇으로 하는가. 우선 생각

할 수 있는 것은 아름다운 장엄거리다. 값지고 소중한 물건들과 아름다운 그림이나 조각품을 떠올릴 것이다. 일체 보살들의 공덕을 말하여 장엄한다고 하였다. 또는 혹은 일체 중생들의 업보를 말하여 장엄한다고 하였다. 보살들은 하는 일마다 공덕의 일이다. 무엇보다 보살의 공덕을 설명하는 것은 세상과 환경과 내 집을 장엄하는 가장 뛰어난 장엄거리일 것이다. 심지어 중생들의 업보를 설명하는 것도 큰 교훈이 되는 장엄거리다. 아침 신문에 올라오는 콩나물 장수 할머니의 선행 기사는 그 어떤 값진 물건보다 훌륭한 장엄거리일 것이다.

혹 이 시 현 일 체 보 살 원 해 장 엄　　혹 이 표 시 일
或以示現一切菩薩願海莊嚴이며 **或以表示一**

체 삼 세 불 영 상 장 엄　　혹 이 일 념 경　시 현 무 변
切三世佛影像莊嚴이며 **或以一念頃**에 **示現無邊**

겁 신 통 경 계 장 엄　　혹 이 출 현 일 체 불 신 장 엄
劫神通境界莊嚴이며 **或以出現一切佛身莊嚴**이며

혹이출현일체보향운장엄　혹이시현일체도
或以出現一切寶香雲莊嚴이며 或以示現一切道

량중　제진묘물광명조요장엄　혹이시현일
場中 諸珍妙物光明照耀莊嚴이며 或以示現一

체보현행원장엄　여시등　유세계해미진수
切普賢行願莊嚴이라 如是等이 有世界海微塵數

하니라

　　혹은 일체 보살들의 서원바다를 나타내 보여서 장엄
하며, 혹은 일체 삼세 부처님의 영상을 표시하여 장엄
하며, 혹은 일념 사이에 무변한 겁의 신통경계를 나타
내 보여서 장엄하며, 혹은 일체 부처님의 몸을 출현하
여 장엄하며, 혹은 일체 보배향기구름을 출현하여 장엄
하며, 혹은 일체 도량 가운데 모든 진귀하고 미묘한 물
건의 광명이 밝게 비침을 나타내 보여서 장엄하며, 혹
은 일체 보현의 행원을 나타내 보여서 장엄하였으니, 이
와 같은 것이 세계바다 미진수가 있느니라."

　　보살들은 서원의 삶을 산다. 그 서원이 무엇인가를 낱낱
이 열거하여 나타내 보인다면 그것은 대단히 훌륭한 장엄거

리가 될 것이다. 석가모니 부처님의 큰 서원이나, 보현보살의 10대원이나, 아미타불의 48대원이나, 나옹화상 발원문이나, 예불할 때 읽는 이산혜연선사 발원문 등등 얼마나 많은가. 일체 삼세 부처님의 영상인 온갖 불상이나 사진이나 그림 등도 훌륭한 장엄거리다. 그 모든 것 중에서 끝으로 "보현의 행원을 나타내 보여서 장엄한다."라고 하였다. 실로 세상을 아름답게 장엄하는 진정 값진 장엄거리는 보현행원임을 알 수 있다.

(2) 게송으로 거듭 펴다

이 시　　보현보살　욕 중 선 기 의　　승 불 위 력
爾時에 **普賢菩薩**이 **欲重宣其義**하사 **承佛威力**

관 찰 시 방　　이 설 송 언
하사 **觀察十方**하고 **而說頌言**하사대

그때에 보현보살이 그 뜻을 거듭 펴려고 부처님의 위신력을 받들어 시방을 관찰하고 게송으로 설하였습니다.

광 대 찰 해 무 유 변
廣大刹海無有邊이

개 유 청 정 업 소 성
皆由清淨業所成이라

종 종 장 엄 종 종 주
種種莊嚴種種住하야

일 체 시 방 개 변 만
一切十方皆徧滿이로다

광대한 세계바다 끝이 없으니

모두가 청정한 업으로 이룬 바다라

갖가지로 장엄하고 갖가지로 머물며

일체 시방에 두루 가득하도다.

드넓은 우주는 유형 또는 무형으로 광대한 세계바다가
끝없이 가득 차 있다. 그것은 모두가 뛰어난 업력으로 이뤄
진 바다. 가지가지로 장엄하여 일체 시방에 두루두루 가득
하다. 유형은 유형으로 장엄하고 무형은 무형으로 장엄한
것이다. 산은 산으로 장엄하고 물은 물로 장엄한 것이다. 바
람은 바람으로 장엄하고 구름은 구름으로 장엄한 것이다.
장엄 아닌 것이 무엇이 있겠는가.

무 변 색 상 보 염 운   광 대 장 엄 비 일 종
無邊色相寶焰雲이   **廣大莊嚴非一種**이라

시 방 찰 해 상 출 현   보 연 묘 음 이 설 법
十方刹海常出現하야   **普演妙音而說法**이로다

끝없는 색상의 보배불꽃구름이

광대하게 장엄하여 한 가지가 아니라

시방 세계바다에서 항상 출현하여

아름다운 음성을 널리 내어 법을 설하도다.

세계바다를 무변색상 보배불꽃구름으로 장엄한 것이 가
지가지며, 그것이 시방세계에서 항상 출현한다. 더구나 아
름다운 음성으로 법을 연설한다. "산색은 청정법신 비로자
나 부처님의 몸이며, 시냇물 소리는 부처님의 광장설법 소리
다."라는 뜻 그대로다.

보 살 무 변 공 덕 해   종 종 대 원 소 장 엄
菩薩無邊功德海와   **種種大願所莊嚴**이여

차 토 구 시 출 묘 음　　　　보 진 시 방 제 찰 망
此土俱時出妙音하야　　**普震十方諸刹網**이로다

보살의 끝없는 공덕바다와

가지가지 큰 서원으로 장엄하여

이 국토에서 동시에 묘한 소리를 내어

시방의 모든 세계그물을 널리 진동하네.

　　보살의 무변한 공덕으로 장엄하고 가지가지 서원으로 장
엄하며, 동시에 아름다운 소리를 내어 법을 연설하여 시방세
계를 진동하는 장엄이야말로 더없이 훌륭한 장엄이리라.

중 생 업 해 광 무 량　　　　수 기 감 보 각 부 동
衆生業海廣無量하야　　**隨其感報各不同**을

어 일 체 처 장 엄 중　　　　개 유 제 불 능 연 설
於一切處莊嚴中에　　**皆由諸佛能演說**이로다

중생의 업의 바다 한량없이 넓어

그를 따라 받는 과보 각각 다름을

일체 곳의 장엄 가운데서

다 모든 부처님을 말미암아 능히 연설하도다.

중생의 업의 바다는 참으로 넓고도 넓다. 수천 억 수천 조의 중생이 있고 그 수효의 중생들 모두 업이 다르고 업을 따라 받는 과보도 역시 다 다르다. 이러한 사실을 그대로 낱낱이 다 표현하는 것, 그것이 곧 부처님이 연설한 것이다.

삼 세 소 유 제 여 래　　　신 통 보 현 제 찰 해
三世所有諸如來가　　　**神通普現諸刹海**하시니

일 일 사 중 일 체 불　　　여 시 엄 정 여 응 관
一一事中一切佛이여　　　**如是嚴淨汝應觀**이어다

과거, 현재, 미래의 모든 여래가
신통으로 모든 세계바다를 널리 나타내니
낱낱 사물 가운데 일체 부처님이여
이와 같이 엄정함을 그대는 관찰하라.

"낱낱 사물 가운데 일체 부처님이여." 부처님이란 우리들 마음만이 아니다. 부처님이란 밝고 밝은 지혜뿐만이 아니

다. 부처님이란 지혜롭고 자비하신 성스러운 세존뿐만이 아니다. 그야말로 시방삼세 제망찰해 상주일체 불타야중이다. 삼라만상이다. 천지만물이다. 우주법계다.

과 거 미 래 현 재 겁
過去未來現在劫의

시 방 일 체 제 국 토
十方一切諸國土여

어 피 소 유 대 장 엄
於彼所有大莊嚴을

일 일 개 어 찰 중 견
一一皆於刹中見이로다

과거와 미래와 현재의 겁과

시방 일체 모든 국토와

그곳에 있는 크나큰 장엄을

낱낱이 다 세계 가운데서 보도다.

부처님이 처음으로 정각을 이루시고 나니 그 땅은 견고하여 다이아몬드로 이루어졌으며, 땅뿐만 아니라 사자좌와 보리수와 궁전 등 이 세상에 존재하는 모든 것이 상상할 수 없을 정도로 아름답게 장엄되어 있었다. 이와 같은 장엄은 무한 과거에서부터 무한 미래에까지 이미 그렇고 현재에도 그렇고 앞으로도 그렇게 되어 있는 것이다. 새롭게 바꾸고 꾸미고 치장을 해서 장엄된 것이 아니다. 본래로 그렇게 장엄되어 있다.

일 체 사 중 무 량 불　　　수 등 중 생 변 세 간
一切事中無量佛이　　　數等衆生徧世間하사

위 령 조 복 기 신 통　　　이 차 장 엄 국 토 해
爲令調伏起神通하사　　　以此莊嚴國土海로다

일체 사물 가운데 한량없는 부처님이

중생의 수와 같이 세간에 두루 하사

조복하게 하려고 신통을 일으켜서

이것으로 국토바다를 장엄하였네.

종일토록 먹지 아니하고 종일토록 잠을 자지 아니하면서 아무리 생각하고 아무리 생각해 보아도 현재의 내 눈앞에 펼쳐져 있는 것밖에는 별다른 것이 없더라. 보이고 들리는 것 외에는 다른 아무 것도 없더라. 그렇다면 지금 보이는 이것이 그대로 부처님이요, 지금 들리는 이것이 그대로 부처님의 광장설법이요, 지금 이대로가 청정법신 비로자나 부처님의 화장장엄세계다.

일 체 장 엄 토 묘 운
一切莊嚴吐妙雲호대

종 종 화 운 향 염 운
種種華雲香焰雲과

마 니 보 운 상 출 현
摩尼寶雲常出現하나니

찰 해 이 차 위 엄 식
刹海以此爲嚴飾이로다

일체 장엄이 아름다운 구름을 토하는데
갖가지 꽃구름과 향기불꽃구름과
마니보석구름을 항상 나타내어
세계바다가 이것으로 장엄하였네.

우리가 사는 이 세계는 지금 이대로 가지가지 꽃구름과 향기불꽃구름과 마니보석구름으로 찬란하게 장엄되어 있다. 그것을 볼 줄 알아야 할 것이요, 더 이상 다른 장엄을 찾지 말아야 할 것이다.

시 방 소 유 성 도 처
十方所有成道處에

종 종 장 엄 개 구 족
種種莊嚴皆具足하야

유 광 포 형 약 채 운
流光布逈若彩雲하니

어 차 찰 해 함 령 견
於此刹海咸令見이로다

시방에 있는 성도成道한 곳에

가지가지 장엄을 다 구족하여

광명이 흘러 퍼져 고운 구름 같으니

이곳에서 세계바다를 다 보게 하도다.

우리는 부처님이 성도하신 곳을 인도의 부다가야라고만
알고 있다. 아니다. 시방국토가 모두 부처님이 성도하신 곳
이다. 그러므로 시방세계는 이대로 가지가지로 아름다운 장
엄을 구족한 것이다. 광명이 흘러 퍼져 고운 구름 같다.

보 현 원 행 제 불 자
普賢願行諸佛子가

등 중 생 겁 근 수 습
等衆生劫勤修習하야

무 변 국 토 실 장 엄
無邊國土悉莊嚴하니

일 체 처 중 개 현 현
一切處中皆顯現이로다

보현보살의 원과 행을 모든 불자들이

중생과 같은 겁 동안 부지런히 닦아서

끝없는 국토를 다 장엄하니

모든 곳에서 다 나타나도다.

세계 장엄에 대한 마지막 게송이다. 국토를 장엄하는 것
에는 여러 가지 진기한 보석과 광명들이 있었다. 끝으로 보
현보살의 행원을 오랜 세월 동안 수행하여 다시 끝없는 국
토를 장엄하는 것으로 결론을 맺었다. 장엄이 국토를 장엄
하지만 국토를 위한 것은 아니다. 오로지 중생을 위하고 사
람을 위하고 생명을 위한 것이 그 목적임을 밝힌 내용이다.

7) 세계의 청정방편

(1) 10종 이유

이 시　　보 현 보 살　　부 고 대 중 언　　　제 불 자

爾時에 **普賢菩薩**이 **復告大衆言**하사대 **諸佛子**야

응지세계해 유세계해미진수청정방편해 소
應知世界海에 **有世界海微塵數清淨方便海**니 **所**

위제보살 친근일체선지식 동선근고
謂諸菩薩이 **親近一切善知識**하야 **同善根故**며

　그때 보현보살이 다시 대중들에게 말하였습니다.

　"모든 불자들이여, 응당히 알아라. 세계바다에 세계
바다 미진수의 청정한 방편바다가 있으니, 이른바 모든
보살이 일체 선지식을 친근해서 선근이 같은 연고니라."

　우리가 사는 이 세계는 지금 이대로 청정하고 훌륭하고
수승하고 뛰어난 방편바다가 출렁거리며 넘쳐흐른다. 그 까
닭을 열 가지로 밝혔다. 그 첫째는 모든 보살들이 일체 선지
식을 친근해서 배우고 본받고 닦고 익히어 그 선지식과 선근
이 동일하게 되었기 때문이다. 우리가 스승을 만나고 선지식
을 친근하고 경전의 말씀을 가까이 하는 것은 스승과 선지
식과 경전의 말씀과 그 선근을 함께하고자 하기 위함이다.
세계가 청정한 방편으로 충만하여 흘러넘치는 것은 이와 같
은 사실을 누리고 있기 때문이다. 선지식 중에서 가장 뛰어나
고 훌륭한 선지식은 우리가 늙고 병들고 죽는다는 사실이다.

증장광대공덕운 변법계고 정수광대제
增長廣大功德雲하야 **徧法界故**며 **淨修廣大諸**

승 해 고 관 찰 일 체 보 살 경 계 이 안 주 고 수
勝解故며 **觀察一切菩薩境界**하야 **而安住故**며 **修**

치 일 체 제 바 라 밀 실 원 만 고 관 찰 일 체 보 살
治一切諸波羅密하야 **悉圓滿故**며 **觀察一切菩薩**

제 지 이 입 주 고 출 생 일 체 정 원 해 고 수 습
諸地하야 **而入住故**며 **出生一切淨願海故**며 **修習**

일 체 출 요 행 고 입 어 일 체 장 엄 해 고 성 취 청
一切出要行故며 **入於一切莊嚴海故**며 **成就清**

정 방 편 력 고 여 시 등 유 세 계 해 미 진 수
淨方便力故라 **如是等**이 **有世界海微塵數**하니라

"넓고 큰 공덕구름을 증장하여 법계에 두루 한 연고
며, 넓고 큰 모든 훌륭한 이해를 청정하게 닦는 연고며,
일체 보살의 경계를 관찰하여 편안히 머무는 연고며, 일
체 바라밀을 닦아서 다 원만히 하는 연고며, 일체 보살
들의 여러 지위를 관찰하여 들어가 머무는 연고며, 일
체 청정한 서원바다를 출현하는 연고며, 일체 벗어나는
요긴한 행을 닦는 연고며, 일체 장엄바다에 들어가는
연고며, 청정한 방편의 힘을 성취하는 연고니, 이와 같

은 것이 세계바다 미진수가 있느니라."

눈을 바르게 뜨고 실상을 보면 광대한 공덕구름이 법계에 두루 하다. 우리가 사는 모습이 어떠하든 한순간 한순간의 삶이 너무나 광대하고 무량한 공덕구름이다. 그러므로 순간순간 매일매일의 삶을 소중히 생각하고 아껴야 하고 누려야 한다. 이와 같은 등등의 이유가 있기 때문에 세계바다는 청정하고 수승한 방편으로 충만하고 흘러넘친다고 하였다.

(2) 게송으로 거듭 펴다

이시에 普賢菩薩이 欲重宣其義하사 承佛威力
이 시 보 현 보 살 욕 중 선 기 의 승 불 위 력

하사 觀察十方하고 而說頌言하사대
관 찰 시 방 이 설 송 언

그때에 보현보살이 그 뜻을 거듭 펴려고 부처님의 위신력을 받들어 시방을 관찰하고 게송으로 설하였습니다.

일 체 찰 해 제 장 엄   무 수 방 편 원 력 생
一切刹海諸莊嚴이   無數方便願力生이며

일 체 찰 해 상 광 요   무 량 청 정 업 력 기
一切刹海常光耀가   無量淸淨業力起로다

일체 세계바다의 모든 장엄이

무수한 방편과 원력으로 난 것이며

일체 세계바다가 항상 빛나는 것도

한량없는 청정한 업력으로 일어난 것이로다.

　한순간 한순간의 삶이 매우 광대하고 무량한 공덕구름
으로 장엄된 것은 무수한 청정방편과 원력으로 생겨난 것이
다. 같은 세계 같은 환경에서 같은 나날을 살아가더라도 무
량한 공덕구름으로 장엄된 것을 느끼고 수용하면서 살 수 있
는 것은 그만한 안목과 수행이 있어야 가능하다. 그것이 원
력이다. 그러므로 "일체 세계바다가 항상 빛나는 것도 한량
없는 청정한 업력으로 일어난 것이로다."라고 하였다.

구 원 친 근 선 지 식　　　동 수 선 업 개 청 정
久遠親近善知識하야　　　**同修善業皆淸淨**이라

자 비 광 대 변 중 생　　　이 차 장 엄 제 찰 해
慈悲廣大徧衆生하니　　　**以此莊嚴諸刹海**로다

오랫동안 선지식을 친견하여

착한 업을 함께 닦아 다 청정히 하고

자비가 광대하여 중생에게 두루 하니

이것으로 모든 세계바다를 장엄했도다.

세계를 장엄하고 환경을 장엄하는 것은 다이아몬드와 금
은보화로 아름답게 꾸미는 것이 아니라 오랜 세월 화엄경, 법
화경과 같은 선지식을 친근하여 착한 업을 훌륭하게 닦아서
광대한 자비로 중생들을 두루 보살피는 것이다. 이와 같은
세상이 아름다운 세상이며, 정직하고 선량하고 지혜로움으
로 잘 장엄된 세상이다. 참으로 살기 좋은 세상이다.

일 체 법 문 삼 매 등　　　선 정 해 탈 방 편 지
一切法門三昧等과　　　**禪定解脫方便地**를

어 제 불 소 실 정 치   이 차 출 생 제 찰 해
於諸佛所悉淨治_{하야}   **以此出生諸剎海**_{로다}

일체 법문法門과 삼매三昧와
선정禪定과 해탈解脫과 방편과 지위를
모든 부처님 처소에서 다 맑게 다스려
이것으로 모든 세계바다를 출생하였네.

정확하지는 않지만 지구의 탄생과 나이를 연구하는 지질
학자들은 약 45억 년 전에 운석의 충돌로 말미암아 생긴 지
구가 처음에는 태양의 온도와 같은 온도로 형성되었다가 차
츰 식어 가면서 물이 생기고 생명체가 생겨나서 오늘날의 이
와 같은 세계가 이루어졌다고 생각한다. 이것은 지질학자들
의 관점이다. 그러나 보살은 부처님의 처소, 곧 불성에 의하
여 법문과 삼매와 선정과 해탈과 방편과 온갖 지위를 닦아
서 이뤄진 것이라고 본다. 옳은 표현은 아니지만 앞의 관점
이 객관적 관찰이라면 뒤의 관점은 주관적 관찰이다. 불교의
기본 정신은 객관도 주관에서 파생되었다고 본다. 냉정하게
말하면 우리가 사는 이 세계를 모두 자신의 원력과 업에 의해
서 보고 느끼고 관찰하고 수용한다. 마치 어류는 어류대로

보고 느끼며 조류는 조류대로 보고 느끼는 경우와 같다.

발 생 무 량 결 정 해 　　　능 해 여 래 등 무 이
發生無量決定解하야　　**能解如來等無異**하고

인 해 방 편 이 수 치 　　　고 능 엄 정 무 변 찰
忍海方便已修治일새　　**故能嚴淨無邊刹**이로다

한량없는 분명[決定]한 이해를 내어

능히 여래와 같아서 다르지 않음을 알고

인욕바다 방편을 이미 닦아서

그러므로 능히 끝없는 세계를 엄정했도다.

여래와 같은 분명한 이해를 가진다는 것은 무엇을 뜻하
는가. 인욕이라는 방편을 잘 닦아서 이 세상을 청정하게 장
엄하여 화합하는 세상, 융화하는 세상, 화목한 세상, 화기애
애한 세상을 만드는 것이다.

위 리 중 생 수 승 행 　　　복 덕 광 대 상 증 장
爲利衆生修勝行에　　**福德廣大常增長**이라

비 여 운 포 등 허 공   일 체 찰 해 개 성 취
譬如雲布等虛空하니   **一切刹海皆成就**로다

중생들의 이익을 위하여 훌륭한 행을 닦아

복과 덕이 광대하고 항상 증장함이

마치 구름이 허공에 가득 퍼진 듯하니

일체 세계바다를 다 성취했도다.

　신라 때 서라벌 장육사의 양지良志스님은 불사를 지으면서 수많은 승속들이 운력運力을 할 때 부르는 노래를 지었다.

　"오다 오다 오다.

　오다 서럽더라.

　서럽더라 우리네여.

　공덕 닦으러 오다."

　우리들 인생은 과거와 현재와 미래를 통해서 끊임없이 오고 또 온다. 그러나 인생은 고해며 화택이다. 그런 인생을 어떻게 살 것인가. 복을 짓고 공덕을 닦으며 살아야 한다. 이것이 청정한 방편의 삶이다.

제 도 무 량 등 찰 진
諸度無量等刹塵을

실 이 수 행 령 구 족
悉已修行令具足하며

원 바 라 밀 무 유 진
願波羅蜜無有盡하니

청 정 찰 해 종 차 생
淸淨刹海從此生이로다

모든 바라밀이 한량없어 세계 미진 같은데

다 이미 수행하여 구족하게 하며

원願바라밀 다함없으니

청정한 세계바다 여기에서 나왔네.

바라밀이란 불자가 실천해야 할 덕목이다. 이 덕목에는
여러 가지가 있지만 6바라밀이 기본이 되고 화엄경에서는
4바라밀을 더하여 10바라밀을 말한다. 불자가 수행해야 할
덕목이 어디 그것뿐인가. 4무량심無量心과 4섭법攝法은 참으
로 훌륭한 덕목들이다. 아름답고 살기 좋은 세상은 모두가
이와 같은 바라밀을 통해서 이루어진다.

정 수 무 등 일 체 법
淨修無等一切法하고

생 기 무 변 출 요 행
生起無邊出要行하야

종 종 방 편 화 군 생 　　　여 시 장 엄 국 토 해
種種方便化群生하니　　**如是莊嚴國土海**로다

짝이 없는 일체 법을 깨끗이 닦고

그지없이 벗어나는 요긴한 행을 일으켜서

갖가지 방편으로 중생을 교화하니

이와 같이 국토바다를 장엄하였네.

중생들을 교화하려면 먼저 일체 법을 닦아야 한다. 또 생사에서 벗어나는 요긴한 방법을 일으켜야 한다. 그래서 가지가지 방편으로 중생들을 교화한다. 이것이 국토를 장엄하는 것이다.

수 습 장 엄 방 편 지 　　　입 불 공 덕 법 문 해
修習莊嚴方便地하고　　**入佛功德法門海**하야

보 사 중 생 갈 고 원 　　　광 대 정 찰 개 성 취
普使衆生竭苦源하니　　**廣大淨剎皆成就**로다

장엄과 방편과 지위를 닦고

부처님의 공덕법문바다에 들어가서

널리 중생들에게 고통의 원인을 없애게 하며

광대하고 청정한 세계를 다 성취하도다.

불교의 목적을 한마디로 표현하면 이고득락離苦得樂이다. 중생들의 고통을 없애고 삶의 즐거움을 얻게 하는 것이다. 이와 같은 목적을 달성하는 데는 수많은 길이 있다. 무엇보다 부처님의 공덕법문바다에 깊이 들어가는 것이 중요하다.

역 해 광 대 무 여 등
力海廣大無與等이여

보 사 중 생 종 선 근
普使衆生種善根하야

공 양 일 체 제 여 래
供養一切諸如來하니

국 토 무 변 실 청 정
國土無邊悉清淨이로다

힘의 바다 광대하여 짝할 이 없음이여

널리 중생에게 선근을 심게 해서

일체 모든 여래께 공양하니

그지없는 국토가 다 청정하도다.

중생들이 선근을 심는 일 중에 가장 중요한 것은 일체 여

래에게 공양하는 일이다. 일체 여래란 누구인가. 모든 사람
과 모든 생명들이다. 그리고 공양 중에 제일가는 공양은 법
공양이다. 이 원칙을 항상 기억해서 실천해야 한다.

8) 부처님의 출현

(1) 10종 차별

이 시   보현보살   부고대중언   제불자
爾時에 **普賢菩薩**이 **復告大衆言**하사대 **諸佛子**야

응 지 일 일 세 계 해   유 세 계 해 미 진 수 불 출 현 차
應知一一世界海에 **有世界海微塵數佛出現差**

별   소 위 혹 현 소 신   혹 현 대 신   혹 현 단 수
別이니 **所謂或現小身**이며 **或現大身**이며 **或現短壽**며

혹 현 장 수   혹 유 엄 정 일 불 국 토   혹 유 엄 정 무 량
或現長壽며 **或唯嚴淨一佛國土**며 **或有嚴淨無量**

불 토   혹 유 현 시 일 승 법 륜   혹 유 현 시 불 가 사
佛土며 **或唯顯示一乘法輪**이며 **或有顯示不可思**

의 제 승 법 륜   혹 현 조 복 소 분 중 생   혹 시 조 복
議諸乘法輪이며 **或現調伏少分衆生**이며 **或示調伏**

무 변 중 생   여 시 등   유 세 계 해 미 진 수
無邊衆生이라 **如是等**이 **有世界海微塵數**하니라

　그때에 보현보살이 다시 대중들에게 말씀하였습니다.

　"모든 불자들이여, 응당히 알아라. 낱낱 세계바다에
세계바다 미진수의 부처님이 출현하시는 차별이 있느니
라. 이른바 혹은 작은 몸을 나타내며, 혹은 큰 몸을 나
타내며, 혹은 짧은 수명을 나타내며, 혹은 긴 수명을 나
타내며, 혹은 오직 한 부처님 국토만 엄정하며, 혹은 한
량없는 부처님 국토를 엄정함이 있으며, 혹은 오직 일
승一乘의 법륜만 나타내 보이며, 혹은 불가사의한 여러
승乘의 법륜을 나타내 보임이 있으며, 혹은 적은 중생을
조복함을 나타내며, 혹은 그지없는 중생을 조복함을 보
이나니, 이와 같은 것이 세계바다 미진수가 있느니라."

　부처님이 출현하는 여러 가지 양상을 밝혔다. 몸의 크고
작음과 수명의 짧고 긺과 국토를 엄정함에 많고 적음과 법륜
의 종류와 중생을 조복함 등이다. 이 외에도 세계바다 미진
수가 있으나 일일이 다 기재할 수 없다. 마치 사람이 세상에
태어나서 일생을 살다가 가는 모습과 그 활동들이 각각 차

별한 것을 열거하는 것과 같다. 어디 부처님과 사람들뿐이겠는가. 모든 생명이 있는 것은 한결같을 것이다. 이러한 이치는 모두가 인연의 힘이며 업력의 소치며 조건의 다름 때문이리라. 그러나 부처님은 중생들의 즐기는 바를 따라서 방편으로 그렇게 출현함을 보이는 것이다.

(2) 게송으로 거듭 펴다

이 시 보현보살 욕 중 선 기 의 승 불 위 력
爾時에 **普賢菩薩**이 **欲重宣其義**하사 **承佛威力**

관 찰 시 방 이 설 송 언
하사 **觀察十方**하고 **而說頌言**하사대

그때에 보현보살이 그 뜻을 거듭 펴려고 부처님의 위신력을 받들어 시방을 관찰하고 게송을 설하였습니다.

제 불 종 종 방 편 문 출 흥 일 체 제 찰 해
諸佛種種方便門으로 **出興一切諸刹海**하사대

개 수 중 생 심 소 락 차 시 여 래 선 권 력
皆隨衆生心所樂하시니 **此是如來善權力**이로다

모든 부처님이 가지가지 방편으로

일체 모든 세계바다에 출현하사

다 중생들의 마음에 즐기는 바를 따르시니

이것은 여래의 훌륭한 방편의 힘이로다.

모든 사람 모든 생명들이 다 같이 업을 따르고 인연을 따라 차별하게 출현하지만 부처님은 훌륭한 방편을 써서 중생들의 즐기는 바를 따라 가지가지로 차별하게 출현하신다.

제 불 법 신 부 사 의
諸佛法身不思議어

무 색 무 형 무 영 상
無色無形無影像호대

능 위 중 생 현 중 상
能爲衆生現衆相하사

수 기 심 락 실 령 견
隨其心樂悉令見이로다

모든 부처님의 법신이 부사의함이여

색도 없고 형상도 없고 영상도 없으나

능히 중생을 위해 온갖 형상 나타내어

그 마음에 즐김을 따라 다 보게 하도다.

부처님의 몸을 여러 가지로 표현하지만 법신으로 표현하는 것이 가장 대표적이다. 법신은 불가사의하다. 색도 없고 형상도 없고 영상도 없다. 그러나 중생들을 교화하기 위해서 가지가지 형상과 작용을 나타내 보인다. 32응신應身이니 천백억화신千百億化身이니 하는 말이 곧 그것이다. 아래에는 부처님의 여러 가지 출현을 밝히면서 산문과 게송이 반복되고 있다.

혹 위 중 생 현 단 수
或爲衆生現短壽하며

혹 현 주 수 무 량 겁
或現住壽無量劫하시니

법 신 시 방 보 현 전
法身十方普現前하사

수 의 출 현 어 세 간
隨宜出現於世間이로다

혹은 중생을 위해 짧은 수명을 나타내며
혹은 한량없는 겁의 수명을 나타내시니
법신을 시방에 널리 나타내어
편의에 따라서 세간에 출현하시네.

혹 유 엄 정 부 사 의　　　시 방 소 유 제 찰 해
或有嚴淨不思議한　**十方所有諸刹海**하며

혹 유 엄 정 일 국 토　　　어 일 시 현 실 무 여
或唯嚴淨一國土하사　**於一示現悉無餘**로다

혹 어떤 때는 부사의한

시방에 있는 모든 세계바다를 엄정하며

혹은 오직 한 국토에만 엄정하되

한꺼번에 남김없이 다 나타내 보이시네.

혹 수 중 생 심 소 락　　　시 현 난 사 종 종 승
或隨衆生心所樂하사　**示現難思種種乘**하며

혹 유 유 선 일 승 법　　　일 중 방 편 현 무 량
或有唯宣一乘法하사　**一中方便現無量**이로다

혹은 중생들의 마음에 즐겨함을 따라

생각하기 어려운 갖가지 승乘을 나타내 보이며

혹 어떤 때는 일승법一乘法만 펴서

하나 속에 한량없는 방편을 나타내도다.

부처님이 세상에 출현하신 것은 오직 중생을 교화하기 위함이다. 중생은 참으로 여러 가지 성향을 가지고 있어서 그들의 마음에 좋아하는 바를 따라 법을 설하려면 다양한 차원의 법을 설해야 한다. 그래서 8만4천 근기의 중생들을 위해서 8만4천 종류의 법을 설하게 되어 8만4천 법문이 있게 되었다. 팔만대장경이라는 것도 역시 그 뜻이다.

혹 유 자 연 성 정 각
或有自然成正覺하사

영 소 중 생 주 어 도
令少衆生住於道하며

혹 유 능 어 일 념 중
或有能於一念中에

개 오 군 미 무 유 수
開悟群迷無有數로다

혹은 저절로 정각正覺을 이루어

적은 중생에게 도道에 머물게 하며

혹은 한순간에

무수한 중생들을 깨닫게 하도다.

부처님 출현의 모델은 언제나 석가 세존의 삶이 그 기준이 된다. 그러나 석가 세존과 같이 무수한 중생을 교화하는 부처님이 있는 반면 같은 정각을 이루고도 아주 적은 수의 사람을 교화하고 마는 부처님도 있다. 불교의 오랜 역사에서 살펴보면 깨달음을 이루고도 일생에 단 한 사람도 제도하지 못하고 열반에 드는 도인이 있는가 하면 수많은 사람을 제도하고 나서 열반에 드는 도인도 있다.

혹 어 모 공 출 화 운　　　　시 현 무 량 무 변 불
或於毛孔出化雲하사　　　**示現無量無邊佛**하시니

일 체 세 간 개 현 도　　　　종 종 방 편 도 군 생
一切世間皆現覩라　　　**種種方便度群生**이로다

혹은 모공毛孔에서 변화한 구름을 내어
한량없고 끝없는 부처님을 나타내 보이시니
일체 세간이 다 환하게 봄이라
가지가지 방편으로 중생을 제도하도다.

부처님의 출현은 각양각색이다. 모공에서 변화한 구름을 내고 다시 그 구름에서 한량없고 끝없는 수의 부처님이 출현하여 가지가지 방편으로 제도하시는데 온 세상 사람들이 다 보고 다 듣고 제도를 받는 경우도 있다.

혹 유 언 음 보 주 변   수 기 심 락 이 설 법
或有言音普周徧하야   **隨其心樂而說法**하사

불 가 사 의 대 겁 중   조 복 무 량 중 생 해
不可思議大劫中에   **調伏無量衆生海**로다

혹은 말소리가 널리 두루 해서

그 마음에 즐겨함을 따라 법을 설하사

불가사의한 광대겁 가운데

한량없는 중생바다를 조복하도다.

혹 유 무 량 장 엄 국   중 회 청 정 엄 연 좌
或有無量莊嚴國에   **衆會淸淨儼然坐**어든

불 여 운 포 재 기 중   시 방 찰 해 미 불 충
佛如雲布在其中하사   **十方刹海靡不充**이로다

혹은 한량없이 장엄한 국토에

대중들이 청정하여 엄연히 앉았는데

부처님이 구름 펴듯 그 가운데 계시사

시방의 세계바다에 다 충만하도다.

제 불 방 편 부 사 의
諸佛方便不思議여

수 중 생 심 실 현 전
隨衆生心悉現前하사

보 주 종 종 장 엄 찰
普住種種莊嚴刹하야

일 체 국 토 개 주 변
一切國土皆周徧이로다

모든 부처님의 방편 부사의함이여

중생들의 마음 따라 다 나타나사

가지가지 장엄한 세계에 널리 계시며

일체 국토에 다 두루 하였네.

부처님이 세상에 출현하는 데는 몇 가지 원칙이 있다. 중생들의 근기와 성향에 구애 받지 않고 오로지 중생들이 좋아하는 바를 따라 법을 설하여 교화하고자 하는 것이며, 또 시간에 구애 받지 않고 불가사의한 광대겁 가운데, 즉 오래고 오랜 세월에 걸쳐서 한량없는 중생바다를 다 조복하고자 하는 것이며, 또 장소에 구애 받지 않고 어디든 나타나서 한량없는 많은 국토 중생들을 빠짐없이 교화하는 것이며, 중생들을 교화하는 데는 불가사의한 방편을 다 동원하여 중생들의 마음을 따라 그 앞에 나타나서 교화하는 것 등이다. 이것이 부처님 출현의 대체적인 목적이며 방편이다.

9) 세계의 겁주劫住

(1) 10종 겁주劫住

이시에 보현보살이 부고대중언하사대 제불자야
爾時에 普賢菩薩이 復告大衆言하사대 諸佛子야

응지세계해에 유세계해미진수겁주니 소위혹유
應知世界海에 有世界海微塵數劫住니 所謂或有

아승지겁주며 혹유무량겁주며 혹유무변겁주며
阿僧祇劫住며 或有無量劫住며 或有無邊劫住며

혹유무등겁주며 혹유불가수겁주며 혹유불가칭
或有無等劫住며 或有不可數劫住며 或有不可稱

겁주며 혹유불가사겁주며 혹유불가량겁주며 혹
劫住며 或有不可思劫住며 或有不可量劫住며 或

유불가설겁주며 혹유불가설불가설겁주라 여시
有不可說劫住며 或有不可說不可說劫住라 如是

등이 유세계해미진수하니라
等이 有世界海微塵數하니라

그때에 보현보살이 다시 대중들에게 말하였습니다.

"모든 불자들이여, 응당히 알아라. 세계바다에 세계
바다 미진수겁의 머무름이 있느니라. 이른바 혹 아승지

阿僧祇겁 동안 머물며, 혹 한량없는 겁 동안 머물며, 혹 끝없는 겁 동안 머물며, 혹은 같을 이 없는 겁 동안 머물며, 혹은 셀 수 없는 겁 동안 머물며, 혹은 일컬을 수 없는 겁 동안 머물며, 혹은 생각할 수 없는 겁 동안 머물며, 혹은 헤아릴 수 없는 겁 동안 머물며, 혹은 말할 수 없는 겁 동안 머물며, 혹은 말할 수 없이 말할 수 없는 겁 동안 머무느니라. 이와 같은 것이 세계바다 미진수가 있느니라."

일체 존재는 그 실상은 생기는 것도 아니며 소멸하는 것도 아닌 불생불멸이지만 그 외형은 눈에 보이지 않는 작은 세포에서부터 지구의 몇 만 배에 해당하는 거대한 위성들까지 어느 것 하나 변하지 않는 것이 없다. 세계의 겁주劫住란 크든 작든 낱낱 세계의 그 형태가 머무는 기간의 길고 짧음을 말한다. 위에서 나열한 아승지阿僧祇, 무량無量, 무변無邊, 무등無等, 불가수不可數, 불가칭不可稱, 불가사不可思, 불가량不可量, 불가설不可說, 불가설불가설不可說不可說은 모두 수를 나타내는 단위다. 이와 같은 등등의 머무는 기간이 각각 다르다. 사람도 세상에 태어나서 살다가 가는 기간이 각각 다르며, 일체 식

물이나 동물이 모두 그 수명이 각각 다른 것처럼 세계가 머무는 기간이 각각 다름을 밝혔다.

(2) 게송으로 거듭 펴다

이 시   보 현 보 살   욕 중 선 기 의   승 불 위 력
爾時에 **普賢菩薩**이 **欲重宣其義**하사 **承佛威力**하사

관 찰 시 방   이 설 송 언
觀察十方하고 **而說頌言**하사대

그때에 보현보살이 그 뜻을 거듭 펴려고 부처님의 위신력을 받들어 시방을 관찰하고 게송으로 설하였습니다.

세 계 해 중 종 종 겁   광 대 방 편 소 장 엄
世界海中種種劫이   **廣大方便所莊嚴**이라

시 방 국 토 함 관 견   수 량 차 별 실 명 료
十方國土咸觀見하야 **數量差別悉明了**로다

세계바다 가운데 갖가지 겁이

넓고 큰 방편으로 장엄하였네.

시방국토를 다 살펴보고

수량과 차별을 다 밝게 알도다.

아 견 시 방 세 계 해　　　겁 수 무 량 등 중 생
我見十方世界海의　　　劫數無量等衆生호니

혹 장 혹 단 혹 무 변　　　이 불 음 성 금 연 설
或長或短或無邊을　　　以佛音聲今演說이로다

내가 보니 시방세계바다의

겁의 수가 한량없어 중생과 같음이라

혹은 길고 혹은 짧고 혹은 끝없어

부처님의 음성으로 지금 연설하도다.

아 견 시 방 제 찰 해　　　혹 주 국 토 미 진 겁
我見十方諸刹海가　　　或住國土微塵劫하며

혹 유 일 겁 혹 무 수　　　이 원 종 종 각 부 동
或有一劫或無數하니　　　以願種種各不同이로다

내가 보니 시방의 모든 세계바다가

혹은 국토의 미진겁 동안 머물며

혹은 일 겁이며 혹은 셀 수 없으니

서원으로서 가지가지 같지 않도다.

혹 유 순 정 혹 순 염   혹 부 염 정 이 구 잡
或有純淨或純染하며   **或復染淨二俱雜**이라

원 해 안 립 종 종 수   주 어 중 생 심 상 중
願海安立種種殊하야   **住於衆生心想中**이로다

혹은 순전히 맑고 혹은 순전히 물들었으며
혹은 또 맑고 물든 것이 함께 섞였고
서원바다 세운 것이 갖가지로 달라서
중생의 생각 속에 머무는도다.

　세계의 겁주가 이와 같이 각각 다르고 여러 가지인 것은
서원을 세운 것이 가지가지로 다르며 중생들의 생각 속에 머
무는 것이 역시 가지가지로 다르기 때문이다. 즉 중생의 관
점에서 본 것이다. 그러므로 머무는 세계의 공간이나 머무는
시간이나 모든 것이 사람의 서원과 생각이 주체가 되어 좌우
한다. 일체가 객관적으로 존재하는 것 같으나 실은 일체가
오직 마음이 조작하여 각각으로 차별한 것이다.

왕 석 수 행 찰 진 겁　　　　획 대 청 정 세 계 해
往昔修行刹塵劫하사　　　**獲大淸淨世界海**하시니

제 불 경 계 구 장 엄　　　　영 주 무 변 광 대 겁
諸佛境界具莊嚴하야　　　**永住無邊廣大劫**이로다

지난 옛적 세계 미진겁 동안 수행하사

크고 청정한 세계바다 얻으시니

모든 부처님의 경계가 장엄을 갖추어서

끝없는 광대한 겁 동안 길이 머무네.

부처님이 지난 옛적에 길고 긴 세월 동안 수행하시어 광대
하고 청정한 세계바다를 얻었다. 그래서 모든 부처님의 장엄
경계를 다 갖추었다. 부처님은 그와 같은 세계에 오래오래
머무신다. 이것은 부처님의 관점에서 세계의 겁주를 밝힌 것
이다.

유 명 종 종 보 광 명　　　　혹 명 등 음 염 안 장
有名種種寶光明이며　　　**或名等音焰眼藏**이며

이 진 광 명 급 현 겁　　　　차 청 정 겁 섭 일 체
離塵光明及賢劫이니　　　**此淸淨劫攝一切**로다

어떤 겁은 이름이 종종보광명種種寶光明이며

혹은 이름이 등음염안장等音焰眼藏이며

이진광명離塵光明이며, 현겁賢劫이니

이 청정겁淸淨劫이 일체를 거두었도다.

사람들의 세상에 연도年度가 있고 연호年號가 있듯이 불교에는 겁의 이름이 있다. 가장 흔히 사용되는 겁의 이름으로 과거 겁은 장엄겁莊嚴劫이라 하고, 현재 겁은 현겁賢劫이라 하며, 미래 겁은 성수겁星宿劫이라 한다. 그 외에도 경문에서 열거한 것처럼 여러 가지 겁의 이름이 있다.

유 청 정 겁 일 불 흥
有清淨劫一佛興하며

혹 일 겁 중 무 량 현
或一劫中無量現하사

무 진 방 편 대 원 력
無盡方便大願力으로

입 어 일 체 종 종 겁
入於一切種種劫이로다

청정겁淸淨劫에는 한 부처님이 출현하며

혹은 한 겁에 한량없이 나타나며

다함없는 방편과 큰 원력으로

온갖 여러 가지 겁에 들어갔도다.

부처님이 출현하는 것과 겁의 관계를 밝혔다. 청정겁清淨劫
에는 한 부처님이 출현하며, 혹은 한 겁에 한량없는 부처님
이 출현하기도 한다. 사람이 어느 시대에 태어나더라도 어느
연도와 어느 연호에 모두 해당되듯이 부처님도 모두 가지가
지의 겁에 다 섭입攝入이 되고 해당이 된다.

혹 무 량 겁 입 일 겁　　혹 부 일 겁 입 다 겁
或無量劫入一劫하며　　**或復一劫入多劫**하야

일 체 겁 해 종 종 문　　시 방 국 토 개 명 현
一切劫海種種門이　　**十方國土皆明現**이로다

혹은 한량없는 겁이 한 겁에 들어가며
혹은 또 한 겁이 많은 겁에 들어가서
일체 겁 바다의 가지가지 문이
시방국토에 다 밝게 나타났도다.

혹 일 체 겁 장 엄 사　　　　어 일 겁 중 개 현 도
或一切劫莊嚴事를　　**於一劫中皆現覩**하며

혹 일 겁 내 소 장 엄　　　　보 입 일 체 무 변 겁
或一劫內所莊嚴이　　**普入一切無邊劫**이로다

혹 일체 겁의 장엄한 일을

한 겁 가운데 다 나타내 보이며

혹 한 겁 안에 장엄한 것이

일체의 끝없는 겁에 널리 들어가도다.

시 종 일 념 종 성 겁　　　　실 의 중 생 심 상 생
始從一念終成劫이　　**悉依衆生心想生**이라

일 체 찰 해 겁 무 변　　　　이 일 방 편 개 청 정
一切刹海劫無邊을　　**以一方便皆淸淨**이로다

처음 한 생각에서 마침내 겁을 이룸이

다 중생의 마음을 의지해서 나옴이라

일체 세계바다의 끝없는 겁을

한 가지 방편으로써 다 청정하게 하도다.

위에서 설한 겁의 내용에 근거하여 법성게에서는 "한량없

는 겁이 곧 한순간이며, 한순간이 곧 한량없는 겁이다[無量遠劫卽一念 一念卽是無量劫]."라고 하였다. 실로 시간이란 확정하여 표현할 수 없는 것이다. 한순간 한순간이 원융한 것은 마치 잠깐 동안의 꿈속에서 한 세상을 다 지내며 사는 일과 같다. 이광수의 "꿈"이라는 소설에, 종을 한 번 쳐서 그 종소리가 다 끝나기도 전에 일생을 산 이야기가 있다. 이와 유사한 일은 누구나 다 경험하는 것이다. 시간이란 본래로 결정지어져서 존재하는 것이 아니다. 순전히 주관적 관점에서 이루어지는 것이 시간이다. 그래서 경우에 따라서는 '일일一日이 여삼추如三秋'라는 말이 있게 된 것이다. 그뿐만 아니라 잠깐 동안도 몇 년이 지나는 것과 같고, 몇 년도 잠깐 동안에 지나가는 것과 같은 경우는 항상 있는 일이다. 겁의 머무름[劫住]을 게송으로 거듭 밝히는 것은 마쳤다.

10) 세계의 겁 전변차별

(1) 10종 전변차별

이 시   보 현 보 살   부 고 대 중 언   제 불 자
爾時에 **普賢菩薩**이 **復告大衆言**하사대 **諸佛子**야

응 지 세 계 해   유 세 계 해 미 진 수 겁 전 변 차 별
應知世界海에 **有世界海微塵數劫轉變差別**이니

소 위 법 여 시 고   세 계 해   무 량 성 괴 겁 전 변
所謂法如是故로 **世界海**가 **無量成壞劫轉變**이며

염 오 중 생   주 고   세 계 해   성 염 오 겁 전 변
染汚衆生이 **住故**로 **世界海**가 **成染汚劫轉變**이며

수 광 대 복 중 생   주 고   세 계 해   성 염 정 겁 전 변
修廣大福衆生이 **住故**로 **世界海**가 **成染淨劫轉變**

신 해 보 살   주 고   세 계 해   성 염 정 겁 전 변
이며 **信解菩薩**이 **住故**로 **世界海**가 **成染淨劫轉變**이며

그때에 보현보살이 다시 대중들에게 말씀하였습니다.
"모든 불자들이여, 응당히 알아라. 세계바다에 세계
바다 미진수의 겁이 전변轉變하는 차별이 있느니라. 이
른바 법이 이와 같은 연고로 세계바다가 한량없이 이루
어지고 무너지는 겁으로 전변하며, 물들고 더럽혀진 중

생들이 머무는 연고로 세계바다가 물들고 더러움을 이루는 겁으로 전변하며, 광대한 복을 닦은 중생이 머무는 연고로 세계바다가 물들고 깨끗함을 이루는 겁으로 전변하며, 믿고 이해하는 보살이 머무는 연고로 세계바다가 물들고 깨끗함을 이루는 겁으로 전변하느니라."

겁劫의 전변차별이란 그 시대를 사는 사람들이 어떻게 사느냐에 따라 시대 상황이 달라지는 것을 말한다. 사람들의 생활과 아울러 보살들이 보살행을 하는 것과 부처님이 열반에 들고 세상에 출현하는 등등의 사실에 따라 시대적 상황이 전변하는 것까지 설하였다. 세상이 청정하거나 오염되는 것은 그 시대가 저절로 그렇게 변하는 것이 아니라 그곳에 사는 사람들이 그렇게 살기 때문에 세상도 따라서 변해 간다는 점을 분명하게 밝혔다. 그러므로 세상을 탓할 것이 아니라 사람의 행위를 탓해야 하리라. 아프리카 사람이나 유럽 사람이나 동양 사람들이 모두 그와 같이 살기 때문에 그들이 사는 환경이 그와 같은 이치이다.

"법이 이와 같은 연고"라는 것은 성주괴공이나 생로병사나 생주이멸이나 춘하추동이란 이 세상과 천지만물과 삼라만상의 존재 원리이므로 그 법도에서 벗어나지 않고 당연히 그 궤도와 철칙을 밟고 돌아간다는 뜻이다. 경문에서 "광대한 복을 닦은 중생이 머무는 연고로 세계바다가 물들고 깨끗함을 이루는 겁으로 전변하며, 믿고 이해하는 보살이 머무는 연고로 세계바다가 물들고 깨끗함을 이루는 겁으로 전변하느니라."라고 한 부분의 내용이 같은 것은 번역의 오류이거나 옮겨 쓴 사람의 착오였을 것이라고 청량淸凉국사가 밝혔다.

무량 중생   발 보 리 심 고   세 계 해   순 청 정 겁
無量衆生이 發菩提心故로 世界海가 純淸淨劫

전 변   제 보 살   각 각 유 제 세 계 고   세 계 해
轉變이며 諸菩薩이 各各遊諸世界故로 世界海가

무 변 장 엄 겁 전 변   시 방 일 체 세 계 해   제 보 살
無邊莊嚴劫轉變이며 十方一切世界海에 諸菩薩이

운 집 고   세 계 해   무 량 대 장 엄 겁 전 변   제 불
雲集故로 世界海가 無量大莊嚴劫轉變이며 諸佛

세존 입열반고 세계해 장엄멸겁전변 제
世尊이 入涅槃故로 世界海가 莊嚴滅劫轉變이며 諸

불 출현어세고 일체세계해 광박엄정겁전
佛이 出現於世故로 一切世界海가 廣博嚴淨劫轉

변 여래신통변화고 세계해 보청정겁전
變이며 如來神通變化故로 世界海가 普淸淨劫轉

변 여시등 유세계해미진수
變이라 如是等이 有世界海微塵數하니라

"한량없는 중생이 보리심을 발한 연고로 세계바다가 순일하게 청정한 겁으로 전변하며, 모든 보살들이 각각 여러 세계에 노니는 연고로 세계바다가 그지없이 장엄한 겁으로 전변하며, 시방의 일체 세계바다에 모든 보살들이 구름처럼 모이는 연고로 세계바다가 한량없이 크게 장엄한 겁으로 전변하며, 모든 부처님 세존이 열반涅槃에 드는 연고로 세계바다가 장엄이 소멸하는 겁으로 전변하며, 모든 부처님이 세상에 출현하는 연고로 일체 세계바다가 넓게 엄정하는 겁으로 전변하며, 여래가 신통변화하는 연고로 세계바다가 널리 청정한 겁으로 전변하느니라. 이와 같은 것이 세계바다 미진수가 있느니라."

중생이 남을 사랑하고 배려하는 마음인 보리심을 발하면 세상은 온통 순일하고 청정한 세상으로 변한다. 보살의 행원을 마음에 가득 담은 보살들이 세계에 노닐면 세상은 그지없이 아름답고 살기 좋은 곳으로 변한다. 세존이 열반에 들면 성인이 계셔서 아름답게 장엄한 세상의 장엄은 소멸하게 된다. 반대로 부처님이 세상에 출현하면 세상은 온통 아름답게 장엄한 모습이 된다. 여래가 신통변화를 일으켜 중생들을 교화하면 세계는 널리 청정한 곳으로 그 시절이 전변한다. 사람들을 널리 그리고 깊이 사랑하면 세상은 모두 아름답게 보이고, 세상을 나쁘게 보고 부정적으로 보면 세상은 험악하게만 보인다.

(2) 게송으로 거듭 펴다

이 시　보 현 보 살　욕 중 선 기 의　　승 불 위 력
爾時에 **普賢菩薩**이 **欲重宣其義**하사 **承佛威力**

관 찰 시 방　　이 설 송 언
하사 **觀察十方**하고 **而說頌言**하사대

그때에 보현보살이 그 뜻을 거듭 펴려고 부처님의 위

신력을 받들어 시방을 관찰하고 게송을 설하였습니다.

일체 제 국 토
一切諸國土가

개 수 업 력 생
皆隨業力生이니

여 등 응 관 찰
汝等應觀察

전 변 상 여 시
轉變相如是어다

일체 모든 국토가

다 업력業力을 따라서 생기나니

그대들은 응당히 관찰하라.

전변하는 모양이 이와 같으니라.

염 오 제 중 생
染汚諸衆生이여

업 혹 전 가 포
業惑纏可怖라

피 심 영 찰 해
彼心令刹海로

일 체 성 염 오
一切成染汚로다

물들고 더러워진 모든 중생이여

업과 미혹의 얽힘은 가히 두려워라.

그 마음이 세계바다로 하여금

모두 물들고 더러움을 이루게 하네.

일체 생명들이 사는 세계의 겁이 전변하는 것이 한결같지 아니하고 바뀌고 차별하는 까닭은 업력을 따르기 때문이다. 청정한 세계가 시절을 따라 염오한 세계가 되기도 하고, 염오한 세계가 다시 청정한 세계로 바뀌는 것은 사람들의 업력이 바뀌고 세계에 사는 일체 생명들의 업력이 바뀌기 때문이다. 부유하게 살던 사람도 가난해지면 그 환경이 몹시 열악해지고, 가난하던 사람이 부유해지면 모든 환경과 조건이 넉넉해지고 풍요로워지는 이치와 꼭 같다.

약 유 청 정 심
若有淸淨心하야

수 제 복 덕 행
修諸福德行이면

피 심 영 찰 해
彼心令刹海로

잡 염 급 청 정
雜染及淸淨이로다

만약 청정한 마음이 있어서
온갖 복덕의 행을 닦으면
그 마음이 세계바다로 하여금

잡되고 물들고 또 청정하게 하네.

예컨대 만약 정직하고 선량하여 청정한 마음을 써서 여러 가지 복덕행을 닦으면 그와 같은 마음을 쓴 까닭에 잡되고 오염되었던 세계와 환경이 모두 청정해진다.

신 해 제 보 살　　　　어 피 겁 중 생
信解諸菩薩이　　　**於彼劫中生**일새

수 기 심 소 유　　　　잡 염 청 정 자
隨其心所有하야　　**雜染清淨者**로다

믿고 이해하는 모든 보살들이
저 겁 가운데 나며
그 마음에 있는 바를 따라서
잡되고 물들고 또 청정하도다.

설사 복덕행을 닦지는 않더라도 삶의 참되고 바른 이치를 믿고 이해하는 사람은 그가 사는 세월과 세계는 그가 쓰는 마음을 따라서 잡되고 오염되었더라도 다시 청정하게 변

한다. 이것이 세계의 겁이 전변하는 차별이다.

무 량 제 중 생
無量諸衆生이

실 발 보 리 심
悉發菩提心일새

피 심 영 찰 해
彼心令刹海로

주 겁 항 청 정
住劫恒淸淨이로다

한량없는 모든 중생들이

다 보리심을 내어

그 마음이 세계바다로 하여금

머무는 겁이 늘 청정하게 하네.

만약 중생들이 지혜와 자비와 바른 이치에 대한 보리심을
발하면 그 마음으로 인하여 그가 사는 세계의 겁은 항상 청
정할 것이다.

무 량 억 보 살
無量億菩薩이

왕 예 어 시 방
往詣於十方에

장 엄 무 유 수
莊嚴無有殊나

겁 중 차 별 견
劫中差別見이로다

한량없는 억만 보살이

시방에 나아감에

장엄은 다르지 않으나

겁 가운데서 차별하게 보도다.

염오된 중생으로부터 청정한 마음으로 복덕을 닦는 사람과 믿음과 이해가 있는 보살, 그리고 보리심을 발한 사람과 한량없는 보살에 이르기까지 세계의 겁이 전변하는 차별을 밝혔다. 혹은 장엄은 같으나 겁의 전변을 따라서 차별하게 보는 경우도 있다고 하였다.

일 일 미 진 내
一一微塵內에

불 찰 여 진 수
佛刹如塵數어든

보 살 공 운 집
菩薩共雲集하니

국 토 개 청 정
國土皆清淨이로다

낱낱 작은 먼지 안에

부처님 세계가 먼지 수와 같은데
보살들이 함께 구름처럼 모여
국토가 다 청정하도다.

　낱낱 작은 먼지 속에 또 작은 먼지 수와 같이 많은 부처님 세계가 있고 다시 부처님이 계시므로 보살 대중들이 구름처럼 모여 있으니 그와 같은 국토는 모두가 청정하기 이를 데 없다. 그와 같이 청정한 국토도 역시 화엄경의 중요한 종지 중의 하나인 사사무애事事無礙의 원리에서 벗어나지 않고 있음을 밝혔다. 즉 일미진중함시방一微塵中含十方을 설한 내용이다. 크나큰 우주에 비교하면 우리가 사는 은하계는 하나의 작은 먼지에 불과하지만 그 은하계에서 태양계는 또한 더욱 작은 먼지다. 태양계에서 지구는 다시 또 작은 먼지며, 지구에서 개개인의 몸은 다시 작은 먼지다. 몸이 작은 먼지지만 우리들의 이 몸도 60조의 작은 세포로 이루어져 있고, 그 세포 역시 더욱 작은 그 무엇으로 이루어진 것이다. 이와 같이 축소하면 무한히 축소가 되고 확대하면 또한 무한히 확대가 된다. 이것이 모든 존재의 하나같은 구조다.

세 존 입 열 반
世尊入涅槃에

피 토 장 엄 멸
彼土莊嚴滅이라

중 생 무 법 기
衆生無法器요

세 계 성 잡 염
世界成雜染이로다

세존께서 열반에 드심에

그 국토의 장엄이 소멸하고

중생들이 법의 그릇이 없어서

세계가 잡되고 물듦을 이루도다.

한 마을이나 한 도시에 덕이 높은 명사가 열반에 들면 그
마을이나 그 도시는 텅 빈 것처럼 느껴진다. 어떤 국토에 세
존이 열반에 들면 그 국토의 장엄은 소멸하고 중생들은 법의
그릇이 깨어지며 세계는 오염된다. 성인의 영향력은 이와 같
이 크다. 일반인들도 흔히 하는 말이 "든 자리는 표가 없어
도 난 자리는 표가 있다."라는 말이다.

약 유 불 흥 세
若有佛興世면

일 체 실 진 호
一切悉珍好니

수 기 심 청 정 　　　　　　　 장 엄 개 구 족
隨其心清淨하야 　　　　　 **莊嚴皆具足**이로다

만약 부처님이 세상에 출현하시면

일체가 다 진귀珍貴하고 좋으리니

그 마음이 청정함을 따라서

장엄이 다 구족하도다.

제 불 신 통 력 　　　　　　 시 현 부 사 의
諸佛神通力으로 　　　　 **示現不思議**라

시 시 제 찰 해 　　　　　　 일 체 보 청 정
是時諸刹海가 　　　　　 **一切普清淨**이로다

모든 부처님의 신통력으로

부사의함을 나타내 보이면

이때의 모든 세계바다가

모두 다 널리 청정하리라.

　이 두 게송은 위의 게송과 반대의 경우이다. 부처님이 세
상에 출현하시면 일체가 진귀하고 아름답다. 사람들은 그
마음이 환희롭고 청정함을 따라서 척박한 땅과 빈한한 환경

이라 하더라도 살기 좋은 곳으로 보인다. 거기에 더하여 부
처님의 신통력이라면 이때의 모든 세계는 일체가 다 청정하
리라.

11) 세계의 무차별

(1) 10종 무차별

<ruby>爾時<rt>이시</rt></ruby>에 <ruby>普賢菩薩<rt>보현보살</rt></ruby>이 <ruby>復告大衆言<rt>부고대중언</rt></ruby>하사대 <ruby>諸佛子<rt>제불자</rt></ruby>야

<ruby>應知世界海<rt>응지세계해</rt></ruby>에 <ruby>有世界海微塵數無差別<rt>유세계해미진수무차별</rt></ruby>이니 <ruby>所謂<rt>소위</rt></ruby>

<ruby>一一世界海中<rt>일일세계해중</rt></ruby>에 <ruby>有世界海微塵數世界<rt>유세계해미진수세계</rt></ruby>가 <ruby>無差<rt>무차</rt></ruby>

<ruby>別<rt>별</rt></ruby>이며 <ruby>一一世界海中<rt>일일세계해중</rt></ruby>에 <ruby>諸佛出現<rt>제불출현</rt></ruby>의 <ruby>所有威力<rt>소유위력</rt></ruby>이 <ruby>無<rt>무</rt></ruby>

<ruby>差別<rt>차별</rt></ruby>이며 <ruby>一一世界海中<rt>일일세계해중</rt></ruby>에 <ruby>一切道場<rt>일체도량</rt></ruby>이 <ruby>徧十方法<rt>변시방법</rt></ruby>

<ruby>界<rt>계</rt></ruby>가 <ruby>無差別<rt>무차별</rt></ruby>이며 <ruby>一一世界海中<rt>일일세계해중</rt></ruby>에 <ruby>一切如來<rt>일체여래</rt></ruby>의 <ruby>道<rt>도</rt></ruby>

량 중 회　무 차 별
場衆會가 無差別이며

　그때에 보현보살이 다시 대중들에게 말하였습니다.

　"모든 불자들이여, 응당히 알아라. 세계바다에 세계
바다 미진수의 차별 없는 것이 있느니라. 이른바 낱낱
세계바다 가운데에 세계바다 미진수의 세계가 있는 것
이 차별이 없으며, 낱낱 세계바다 가운데에 모든 부처
님이 출현하여 있는 위력이 차별이 없으며, 낱낱 세계
바다 가운데 일체 도량이 시방법계에 두루 한 것이 차
별이 없으며, 낱낱 세계바다 가운데 일체 여래의 도량
에 모인 대중이 차별이 없느니라."

일 일 세 계 해 중　일 체 불 광 명 변 법 계　무 차
一一世界海中에 一切佛光明徧法界가 無差

별　일 일 세 계 해 중　일 체 불 변 화 명 호　무 차
別이며 一一世界海中에 一切佛變化名號가 無差

별　일 일 세 계 해 중　일 체 불 음 성　보 변 세 계
別이며 一一世界海中에 一切佛音聲이 普徧世界

해 　　 무변겁주 　　 무차별 　　 일일세계해중 　 법
海하야 無邊劫住가 無差別이며 一一世界海中에 法

류 방편 　　 무차별
輪方便이 無差別이며

　"또 낱낱 세계바다 가운데 일체 부처님의 광명이 법
계에 두루 한 것이 차별이 없으며, 낱낱 세계바다 가운
데 일체 부처님의 변화하신 명호가 차별이 없으며, 낱
낱 세계바다 가운데 일체 부처님의 음성이 세계바다에
널리 두루 해서 끝없는 겁 동안 머무름이 차별이 없으
며, 낱낱 세계바다 가운데 법륜法輪의 방편이 차별이 없
느니라."

　　일일세계해중 　 일체세계해 　 보입일진 　 무
　一一世界海中에 一切世界海가 普入一塵이 無

차별 　　 일일세계해중 　　 일일미진 　 일체삼세
差別이며 一一世界海中에 一一微塵에 一切三世

제불세존 　 광대경계 　 개어중현 　 무차별 　　제
諸佛世尊의 廣大境界가 皆於中現이 無差別이라 諸

불자   세 계 해 무 차 별   약 설 여 시   약 광 설 자
佛子야 **世界海無差別**이 **略說如是**아니와 **若廣說者**

　유 세 계 해 미 진 수
인댄 **有世界海微塵數**하니라

"또 낱낱 세계바다 가운데 일체 세계바다가 한 티끌
속에 널리 들어가는 것이 차별이 없으며, 낱낱 세계바
다 가운데 낱낱의 작은 티끌에 일체 삼세 모든 부처님
세존의 광대한 경계가 그 속에 다 나타남이 차별이 없
느니라. 모든 불자들이여, 세계바다의 차별 없는 것을
간략하게 말하면 이와 같으나, 만약 널리 말한다면 세
계바다의 미진수가 있느니라."

앞에서는 세계바다 미진수의 차별을 밝혔다. 다시 세계
바다 미진수의 무차별을 밝혔다. 차별에서는 세계의 현상들
을 볼 때 중생들의 업의 잡염雜染과 청정을 따라서 세계도 또
한 차별함을 밝혔고, 지금 무차별을 말하는 것은 세계의 본
성은 두 가지가 아니고 차별이 없는 하나이기 때문에 무차별
이라 한 것이다. 법성게에도 "법의 본성은 원융해서 두 가지
의 모양이 아니다[法性圓融無二相]."라고 하였다. 세계뿐만 아니

라 모든 존재의 본성품은 차별이 없다는 것이다. 또한 중생
교화의 방편에 의지하면 가지가지가 차별하여 3승 12분교
가 있지만 실법實法에 의지하면 일체가 무차별이다. 그러므로
여기에서 세계바다의 10종 무차별을 밝히는 것이다.

(2) 게송으로 거듭 펴다

이 시　　보 현 보 살　　욕 중 선 기 의　　　승 불 위 력
爾時에 **普賢菩薩**이 **欲重宣其義**하사 **承佛威力**

　관 찰 시 방　　이 설 송 언
하사 **觀察十方**하고 **而說頌言**하사대

그때에 보현보살이 그 뜻을 거듭 펴려고 부처님의 위
신력을 받들어 시방을 관찰하고 게송으로 설하였습니다.

일 미 진 중 다 찰 해　　　처 소 각 별 실 엄 정
一微塵中多刹海가　　　**處所各別悉嚴淨**이어든

여 시 무 량 입 일 중　　　일 일 구 분 무 잡 월
如是無量入一中호대　　　**一一區分無雜越**이로다

한 작은 먼지 속에 많은 세계바다가
처소를 각각 다르게 다 엄정했는데
이와 같이 한량없는 것이 하나 속에 들어가지만
낱낱이 구분되어 섞이고 어긋남이 없네.

　하나의 작은 먼지 속에 수많은 세계바다가 있고, 세계바다마다 각각 다르고 청정하게 장엄하여 이와 같이 한량없는 것이 하나의 작은 먼지 속에 들어가지만 그 하나하나마다 낱낱이 구분되어 뒤섞이거나 어긋남이 없다. 즉 상즉상입相即相入의 이치다. 시간적으로도 9세와 10세가 서로서로 상즉相即하고, 공간적으로도 한 작은 먼지 속에 수많은 것이 상입相入하더라도 뒤섞이거나 어긋나거나 혼잡하지 않고 질서정연하게 각각 따로따로 제자리에 안립安立하여 있는 이치이다.

일 일 진 내 난 사 불　　수 중 생 심 보 현 전
一一塵內難思佛이　　隨衆生心普現前하사

일 체 찰 해 미 부 주　　　　여 시 방 편 무 차 별
一切刹海靡不周하시니　如是方便無差別이로다

낱낱 먼지 속에 무수히 많은 부처님이 계시어

중생들의 마음 따라 널리 앞에 나타나

일체 세계바다에 다 두루 하시니

이와 같은 방편이 차별이 없네.

　낱낱 먼지 속의 무수한 부처님이 중생들의 마음을 따라
일체 세계바다에 두루 나타나서 일일이 차별한 것 같으나 모
든 방편의 본성에는 다름도 없고 차별도 없다.

일 일 진 중 제 수 왕　　　　종 종 장 엄 실 수 포
一一塵中諸樹王이　　種種莊嚴悉垂布하야

시 방 국 토 개 동 현　　　　여 시 일 체 무 차 별
十方國土皆同現하니　如是一切無差別이로다

낱낱 먼지 속에 모든 보리수나무 왕이

가지가지로 장엄하여 드리웠는데

시방국토에 다 같이 나타나나

이와 같은 일체가 차별이 없도다.

부처님뿐만 아니라 낱낱 먼지 속에는 보리수나무도 가지가지로 장엄하여 드리우고 있다. 한곳과 한 먼지만 그러한 것이 아니라 시방국토의 일체 보리수나무도 또한 그와 같으나 그 본성은 차별이 없다. 이것이 차별한 것 가운데 차별이 없고, 차별이 없는 가운데 또한 차별이 있는 도리이다.

일 일 진 내 미 진 중　　　　실 공 위 요 인 중 주
一一塵內微塵眾이　　　　悉共圍遶人中主하니

출 과 일 체 변 세 간　　　　역 불 박 애 상 잡 란
出過一切徧世間호대　　　　亦不迫隘相雜亂이로다

낱낱 먼지 속에 또 작은 먼지같이 많은 대중이
사람 가운데 주인을 다 같이 둘러싸니
일체에서 뛰어나서 세간에 두루 하되
또한 비좁거나 잡란하지 않도다.

우리들이 이와 같이 안립하여 있는 것은 어떻게 보면 하

나하나의 먼지 속에 있는 또 하나의 작은 먼지이기도 하다. 그 먼지들이 부처님[人中王]을 둘러싸고 법을 듣고 있다. 그러나 결코 비좁고 뒤엉키거나 어긋나거나 무질서한 것이 아니다. 그야말로 잡란하지 않고 각각 서로 따로따로 안립하여 있다.

일 일 진 중 무 량 광
一一塵中無量光이

보 변 시 방 제 국 토
普徧十方諸國土하야

실 현 제 불 보 리 행
悉現諸佛菩提行하니

일 체 찰 해 무 차 별
一切刹海無差別이로다

낱낱 먼지 속에 한량없는 광명이
시방 모든 국토에 두루 하여
모든 부처님의 보리행을 다 나타내니
일체 세계바다가 차별이 없도다.

"낱낱 먼지 속에 한량없는 광명이 시방 모든 국토에 두루 하다."라는 것은 두두물물이 모두 조사의 뜻이며 존재의 실상으로 나타내고 있다는 사실이다. 그러므로 그것이 곧 보리행이 된다.

일일진중무량신　　　변화여운보주변
一一塵中無量身이　　變化如雲普周徧이라

이불신통도군품　　　시방국토역무별
以佛神通導群品하사대　十方國土亦無別이로다

낱낱 먼지 속에 한량없는 몸이

구름같이 변화하여 널리 두루 하며

부처님의 신통으로 중생들을 인도하사

시방국토에도 또한 차별이 없도다.

일일진중설중법　　　기법청정여윤전
一一塵中說衆法하니　其法淸淨如輪轉이라

종종방편자재문　　　일체개연무차별
種種方便自在門으로　一切皆演無差別이로다

낱낱 먼지 속에서 온갖 법을 설하니

그 법이 청정하여 바퀴가 구르는 듯

가지가지 방편의 자재한 문으로

모든 것 다 연설함이 차별이 없도다.

낱낱 먼지 속에 한량없는 부처님이 있고 구름 같은 변화를 일으키며 신통으로 중생을 인도한다. 낱낱 먼지 속에서 청정한 법륜을 굴리며 가지가지 방편으로 온갖 법을 연설하나 그 근본에는 차별이 없다. 차별한 가운데 차별이 없는 도리이다.

일 진 보 연 제 불 음　　　충 만 법 기 제 중 생
一塵普演諸佛音하야　　充滿法器諸衆生호대

변 주 찰 해 무 앙 겁　　　여 시 음 성 역 무 이
徧住刹海無央劫하니　　如是音聲亦無異로다

한 먼지에서 모든 부처님의 음성을 내어
모든 중생들의 법기法器에 다 충만하되
세계바다에 두루 머물기를 한없는 겁 동안 하니
이와 같은 음성도 또한 차별이 없도다.

공간과 시간과 음성에 이르기까지 낱낱이 서로서로 상즉

상입相即相入함을 밝혔다. 사事와 사가 무애할 뿐만 아니라, 사事와 부처님의 음성도 또한 무애하다. 한 먼지에서 부처님의 음성을 내어 중생들의 법기에 충만하게 한다. 그것이 무량 아승지겁으로 이어진다. 이와 같이 사와 음성과 시간이 서로서로 상즉상입하여 무애자재함을 밝혔다.

찰 해 무 량 묘 장 엄　　　　어 일 진 중 무 불 입
刹海無量妙莊嚴을　　　**於一塵中無不入**하시니

여 시 제 불 신 통 력　　　　일 체 개 유 업 성 기
如是諸佛神通力이여　　**一切皆由業性起**로다

세계바다 한량없는 묘한 장엄을

한 먼지 속에 다 들어가게 하니

이와 같은 모든 부처님의 신통력이여

모두가 다 업성業性으로 말미암아 일어났도다.

일 일 진 중 삼 세 불　　　　수 기 소 락 실 령 견
一一塵中三世佛이　　**隨其所樂悉令見**하시니

체 성 무 래 역 무 거   이 원 력 고 변 세 간
體性無來亦無去로대   **以願力故徧世間**이로다

낱낱 먼지 속에 삼세의 부처님이

그 즐겨함을 따라 다 보게 하시니

체성體性은 옴도 없고 감도 없으되

원력願力을 쓴 까닭으로 세간에 두루 하였네.

　세계바다의 한량없는 아름다운 장엄들이 먼지 하나 속에
다 들어가고, 낱낱 먼지 속에서 과거 현재 미래의 모든 부처
님을 중생들이 좋아하는 바대로 마음껏 본다. 그러나 체성
은 본래로 오지도 않고 가지도 않고 머물지도 않는다. 다만
원력을 써서 일체 세간에 그와 같이 두루 하다.

　세계 성취의 인연과 세계 성취의 의지해서 머무는 것과 세
계 성취의 형상과 세계 성취의 체성과 세계 성취의 장엄과 세
계 성취의 방편과 세계 성취의 부처님이 출현하심과 세계 성
취의 겁의 머무름과 세계 성취의 겁의 전변차별과 무차별 등
을 설명하는 것을 마쳤다.

세계성취품 끝

〈제7권 끝〉

華嚴經 構成表

分次	周次		內容	品數	會次
舉果勸樂生信分 (信)	所信因果周		如來依正	世主妙嚴品 第一 如來現相品 第二 普賢三昧品 第三 世界成就品 第四 華藏世界品 第五 毘盧遮那品 第六	初會
修因契果生解分 (解)	差別因果周	差別因	十信	如來名號品 第七 四聖諦品 第八 光明覺品 第九 菩薩問明品 第十 淨行品 第十一 賢首品 第十二	二會
			十住	昇須彌山頂品 第十三 須彌頂上偈讚品 第十四 十住品 第十五 梵行品 第十六 初發心功德品 第十七 明法品 第十八	三會
			十行	昇夜摩天宮品 第十九 夜摩天宮偈讚品 第二十 十行品 第二十一 十無盡藏品 第二十二	四會
			十迴向	昇兜率天宮品 第二十三 兜率宮中偈讚品 第二十四 十迴向品 第二十五	五會
			十地	十地品 第二十六	六會
			等覺	十定品 第二十七 十通品 第二十八 十忍品 第二十九 阿僧祇品 第三十 如來壽量品 第三十一 菩薩住處品 第三十二	七會
		差別果	妙覺	佛不思議法品 第三十三 如來十身相海品 第三十四 如來隨好光明功德品 第三十五	
	平等因果周	平等因		普賢行品 第三十六	
		平等果		如來出現品 第三十七	
托法進修成行分 (行)	成行因果周		二千行門	離世間品 第三十八	八會
依人證入成德分 (證)	證入因果周		證果法門	入法界品 第三十九	九會

會場	放光別	會主	入定別	說法別舉
菩提場	遮那放齒光眉間光	普賢菩薩為會主	入毘盧藏身三昧	如來依正法
普光明殿	世尊放兩足輪光	文殊菩薩為會主	此會不入定．信未入位故	十信法
忉利天宮	世尊放兩足指光	法慧菩薩為會主	入無量方便三昧	十住法門
夜摩天宮	如來放兩足趺光	功德林菩薩為會主	入菩薩善思惟三昧	十行法門
兜率天宮	如來放兩膝輪光	金剛幢菩薩為會主	入菩薩智光三昧	十廻向法門
他化天宮	如來放眉間毫相光	金剛藏菩薩為會主	入菩薩大智慧光明三昧	十地法門
再會普光明殿	如來放眉間口光	如來為會主	入剎那際三昧	等妙覺法門
三會普光明殿	此會佛不放光．表行依解法依解光故	普賢菩薩為會主	入佛華莊嚴三昧	二千行門
祇陀園林	放眉間白毫光	如來善友為會主	入獅子頻申三昧	果法門

如天 無比

1943년 영덕에서 출생하였다. 1958년 출가하여 덕흥사, 불국사, 범어사를 거쳐 1964년 해인사 강원을 졸업하고 동국역경연수원에서 수학하였다. 10여 년 선원생활을 하고 1976년 탄허스님에게 화엄경을 수학하고 전법, 이후 통도사 강주, 범어사 강주, 은해사 승가대학원장, 대한불교조계종 교육원장, 동국역경원장, 동화사 한문불전승가대학원장 등을 역임하였다. 2018년 5월에는 수행력과 지도력을 갖춘 승랍 40년 이상 되는 스님에게 품서되는 대종사 법계를 받았다.

현재 부산 문수선원 문수경전연구회에서 150여 명의 스님과 300여 명의 재가 신도들에게 화엄경을 강의하고 있다. 또한 다음 카페 '염화실 (http://cafe.daum.net/yumhwasil)'을 통해 '모든 사람을 부처님으로 받들어 섬김으로써 이 땅에 평화와 행복을 가져오게 한다.'는 인불사상(人佛思想)을 펼치고 있다.

저서로 『무비스님의 유마경 강설』(전 3권), 『대방광불화엄경 실마리』, 『무비스님의 왕복서 강설』, 『무비스님이 풀어 쓴 김시습의 법성게 선해』, 『법화경 법문』, 『신금강경 강의』, 『직지 강설』(전 2권), 『법화경 강의』(전 2권), 『신심명 강의』, 『임제록 강설』, 『대승찬 강설』, 『당신은 부처님』, 『사람이 부처님이다』, 『이것이 간화선이다』, 『무비 스님과 함께하는 불교공부』, 『무비 스님의 증도가 강의』, 『일곱 번의 작별인사』, 무비 스님이 가려 뽑은 명구 100선 시리즈(전 4권) 등이 있고 편찬하고 번역한 책으로 『화엄경(한글)』(전 10권), 『화엄경(한문)』(전 4권), 『금강경 오가해』 등 이 있다.

대방광불화엄경 강설 제7권

| 초판 1쇄 발행_ 2014년 6월 15일
| 초판 4쇄 발행_ 2020년 7월 31일

| 지은이_ 여천 무비(如天 無比)
| 펴낸이_ 오세룡
| 편집_ 박성화 손미숙 김정은 김영미
| 기획_ 최은영 곽은영
| 디자인_ 고혜정 김효선 장혜정
| 홍보 마케팅_ 이주하
| 펴낸곳_ 담앤북스
　　　　서울특별시 종로구 새문안로3길 23 경희궁의 아침 4단지 805호
　　　　대표전화 02)765-1251 전송 02)764-1251 전자우편 damnbooks@hanmail.net
　　　　출판등록 제300-2011-115호
| ISBN　978-89-98946-24-1　04220

정가 14,000원